관료제 정치론 이해

관료제 정치론 이해

인 쇄: 2015년 2월 23일
발 행: 2015년 2월 27일

저 자: 박대식

발행인: 부성옥
발행처: 도서출판 오름
등록번호: 제2-1548호(1993. 5. 11)
주 소: 서울시 중구 퇴계로 180-8(필동 1가 21-13) 4층
전 화: (02) 585-9122, 9123 / 팩 스: (02) 584-7952
E-mail: oruem9123@naver.com
URL: http://www.oruem.co.kr

ISBN 978-89-7778-439-0   93340

관료제 정치론 이해

박대식

Understanding the Politics of Bureaucracy Theories

Dae Shik Park

ORUEM Publishing House
Seoul, Korea
2015

머리말

한국의 관료제 정치에 대한 연구는 의미 있는 일로 여겨진다. 민주화로 인해 관료제 내에서 일어나는 정책결정과 정책집행의 과정이 다양한 정치세력의 영향하에서 이루어지고 있는 데에도 불구하고 이에 대한 연구가 드물게 이루어져 왔기 때문이다. 따라서 한국의 관료제 정치에 대한 연구의 필요성이 절실하게 제기된다.

관료제 정치 연구에 앞서 관련된 기존 이론을 검토하는 일이 선행되어야 한다. 기존 이론을 활용하여 연구를 위한 분석틀로 삼아야 하기 때문이다. 그런데 기존의 관료제 정치론은 매우 다양하게 발전해 왔다. 관료제 정치론은 다양한 학문적 배경하에서 다양한 분석 사례에 의존하여 만들어졌다. 관료제 정치론은 다양한 특성으로 인해 이해하는 일은 쉽지 않다.

이러한 문제의식에 입각해서 필자는 관료제 정치론의 이해를 목적으로 본서의 집필에 착수하게 되었다. 이를 위해 관료제 정치를 이해하기 위해 필요한 기본적인 여덟 가지 질문을 제기하였다. 즉 "공직자는 공익 추구자인가", "공직자는 사익 추구자인가", "의회의원은 정치과정에서 무엇을 위해 행동하는가", "공직자는 정책결정과정에서 무엇을 위해 행동하는가", "행정 기관은 행정업무 수행 시 무엇을 위해 행동하는가", "행정 관료제는 단일체인가 분열체인가", "정책결정과정은 폐쇄적인가 개방적인가", "대통령은 행정 관료제를 무슨 수단으로 통제하는가"와 같은 질문을 제시하였다.

그리고 이러한 질문에 대해 응답하기 위해 기존의 관료제 정치이론을 선택하여 소개하였고, 뒤이어 이 이론에 대한 찬성론, 반대론 또는 수정론을 제시하여 논의하였다. 구체적으로 이론의 내용을 소개하고, 이론으로서의 타당성과 설명력을 판단하고, 특히 한국현실에 적용하였을 경우에 적실성을 논의하였다. 이 경우에 관료제 정치이론의 내용은 공공정책과정에 대한 참여자가 누구인지, 참여자들 간의 관계가 어떠한지, 참여자들이 정책과정에 대해 어떻게 영향력을 행사하는지, 참여자들 중에서 누구의 의지가 반영되어 결정이 이루어지는지를 밝혀

보는 데에 초점을 두어 정리하였다.

본서를 출판하는 데에 감사드려야 할 분들이 많다. 사회과학출판계의 어려운 사정에도 불구하고 본서를 기꺼이 출판해 주신 도서출판 오름의 부성옥 대표께 크게 감사드린다. 원고편집을 위해 애써 주신 최선숙 부장에게도 감사드린다.

앞으로 본서에 정리된 내용들이 관료제 정치이론을 구체적으로 이해하는 데에 도움이 되고 나아가 한국의 관료제 정치이론을 모색하는 데에 기여하기를 기원한다.

2015년 2월
박대식

차 례

제**1**장
서 론

서 론

관료제 정치론은 매우 다양하게 발전해 왔다. 관료제 정치론은 다양한 학문적 배경하에서, 즉 사회학, 정치학 또는 경제학 등을 배경으로 만들어졌다. 또한 다양한 분석 사례에 의존하여, 즉 공직자행태, 조직개편, 정책결정 등을 분석 사례로 활용하여 만들어졌다. 관료제 정치론은 다양한 특성으로 인해 이해하는 일은 쉽지 않다. 이러한 문제의식에 입각해서 필자는 관료제 정치론의 이해를 목적으로 본서의 집필에 착수하게 되었다.

본 장에서는 관료제 정치론을 세 가지 흐름에 따라 정리하고자 한다. 관료제 정치론은 1950년대 이래 전통적 관료제 정치론, 합리적 선택 관료제 정치론, 제도선택 관료제 정치론 등의 흐름에 따라 전개되었다. 세 가지 흐름하에서 관료제 정치론의 종류와 특징을 논의하고자 한다.

I. 관료제 정치의 등장

관료제 정치란 관료제 내의 행정이 다양한 정치세력의 영향하에서 이루어지는 것을 의미한다. 헌법에는 대통령이 관료제 내의 최고관리자로서 행정을 총괄하도록 규정되어 있다. 하지만 현실적으로 행정은 행정관료, 연관부서, 또는 외부 정치세력의 영향하에서 결정되고 수행되는 것이 사실이다.

관료제 내의 행정에 대한 정치세력의 관심은 관료제가 지닌 막강한 권력에 기인한다. 관료제의 권력은 사회의 규모와 복잡성이 커져가면서 확대되었다. 의회와 대통령이 세부적인 정책결정에 관여하는 것은 가능하지 않기 때문에, 관료가 의회와 대통령을 대신해서 그들의 의지를 실현해 준다. 즉 의회에서 제정된 법률은 성격상 내용이 개괄적이고 불분명하기 때문에 관료가 집행을 위해 세부규정과 규칙을 만들게 된다. 결과적으로 관료제는 자체가 권력의 원천이 된다.[1]

관료제의 권력은 준입법적 기능과 준사법적 기능을 부여받으면서 더욱 강화된다. 즉 의회의 법률제정기능과 법원의 판결기능을 일부 대신함으로써 관료제의 권력은 더욱 커진다. 이러한 권력을 지닌 관료제 내의 각 부처는 자신의 사업을 성과있게 추진하게 위해 보다 많은 예산, 인력 및 권한을 확보하고자 노력한다. 결과적으로 관료제의 규모가 확장되는 것은 현대국가의 보편적인 추세로 나타난다.[2][3]

---

1) Thomas R. Dye, *Politics in America* (Upper Saddle River: Pearson Prentice Hall, 2005), pp.417-418.

관료제의 권력은 다음 세 가지 과정을 거치며 더욱 강화되었다. 첫째, 관료제의 규모가 너무 커져서 국민 전체의 통제로부터 멀어지게 되었다. 둘째, 관료제에 대한 통제권한이 국민 전체보다는 이익집단의 통제 하에 놓이게 되었다. 셋째, 관료제는 재량권을 부여받게 되었는데 결과적으로 관료제는 국민 전체를 위해 움직이지 않게 되었다.[4]

구체적으로 설명하자면, 첫째, 건국초기에 국무부, 전쟁부, 재무부가 있었는데 규모가 매우 작았다. 뒤이어 우체국이 다수의 공무원을 고용함으로써 관료제의 규모를 다소 확장시켰다. 하지만 국방부는 제1차 세계대전과 제2차 세계대전을 겪으면서 가장 큰 부처로 성장하였다.

둘째, 19세기 중반 이후 관료제는 농민, 노동자, 기업인 등과 같은 분화된 경제 분야의 이익집단의 출현에 부응하기 시작하였다. 그리하여 1861년 농무부를 설립하였다. 관심사는 보조금을 지불하고 규제를 수행하는 데에 있기보다는 홍보와 연구개발지원을 통해 농업을 촉진시키는 데에 있었다. 기존의 정부부처가 특정 기능을 수행하기 위해 설립되었던 것과는 달리 이번에는 특정 경제 집단의 이익과 열망에 기여하는 수혜자 지향적인 부처가 설립되었다. 1888년에는 노동부가 설립되었고, 1903년에는 상공 및 노동부가 기존의 노동부가 확장되어

---

2) *Ibid.*, pp.418-424.
3) 당시 미국의 연방관료제를 예로 들자면 이곳에는 270만 명의 공무원이 근무하고 있다. 그리고 국가는 국내 총생산액의 30%에 달하는 3조 달러의 예산액을 사용한다. 정부부처로서 대통령 산하에 장관이 주도하는 15개의 부 이외에 독립규제위원회, 독립기관, 정부공사 등 많은 기관이 설립되어 행정기능을 담당한다.
4) James Q. Wilson, "The Rise of the Bureaucratic State," in Francis E. Rourke, ed., *Bureaucratic Power in National Politics* (Boston: Little, Brown and Company, 1978), pp.55-74.

설립되었다.

셋째, 초기에도 전쟁부와 뒤이어 내무부 산하에 인디안 업무 사무소가 규제업무를 담당하는 기관으로 설립되었다. 하지만 본격적인 규제기관으로 1887년 주간 상업위원회가 설립되었다. 뒤이어 법무부 내 반독점국, 식품의약품 안정청, 국가노사관계 위원회 등은 공익을 위한 규제기관으로 설립되었다.

이렇듯 현대 관료제의 권력과 규모는 막대하다. 따라서 관료제 내의 행정에 대한 영향력 행사를 위한 정치세력들 간의 대립과 갈등은 클 수밖에 없다. 미국의 경우 권력구조가 분립적이고 사회구조가 다원적이어서, 다양한 정치세력이 이러한 대립과 갈등의 과정에 개입한다. 현실적으로 정부조직개편, 예산정책, 규제정책, 외교정책 등 여러 사안에 있어 이익단체, 의회의원, 및 대통령이 결정과정에 참여하여 복잡하게 상호작용하는 것이 현실이다.

II. 관료제 정치 연구의 동향

관료제 정치에 대한 관심은 오래전부터 시작되었다. 일찍이 막스 웨버는 관료제가 사회의 생산성 향상에 기여할 것이라고 예고하면서 동시에 관료가 권력과 전문성을 독점함으로써 민주주의를 저해하게 될 것이라고 경고한 바 있었다. 하지만 관료제 정치 연구는 미국에서 1950년대부터 본격화되었다. 관료제 정치 연구는 대략 세 가지 흐름을 따라 전개되었다. 즉 전통적 관료제 정치론, 합리적 선택 관료제 정치론, 제도선택 관료제 정치론을 의미한다. 관료제 정치 연구의 동향을 소개하면 다음과 같다.

1. 전통적 관료제 정치론

전통적 관료제 정치론에 따르면 관료조직은 환경의 변화 속에서 생존하기 위해 노력한다. 관료조직은 환경의 변화 속에서 외부 집단의 지원을 얻기 위해 지속적으로 움직인다. 외부 집단이란 이익집단, 의회 및 여타 행정조직을 의미한다.

사이몬, 스미스버그와 톰슨(Simon, Smithburg and Thompson, 1965)은 관료조직이 변화하는 환경 속에서 생존하기 위해 외부 지원 세력과의 관계를 강화하려고 노력하는 모습을 강조하였다. 그들의 주장에 따르자면 행정조직은 생존하기 위해 의회, 여타 행정조직, 수혜자 및 일반대중의 지지를 추구하게 되는데, 이러한 지지는 행정조직이 외부집단을 만족시켜 그들의 기여를 이끌어냄으로써 가능하게 된다.

셀즈닉(Selznick, 1966)도 테네시계곡 개발공사가 지역주민들의 요구를 반영하여 사업목표를 추진함으로써 생존에 성공하게 되는 사례를 설명하고 있다. 윌슨(Wilson, 1978)은 미국 행정부 조직이 확대되어 가는 과정에서 분배업무 담당조직과 규제업무 담당조직이 각자 수혜자 집단으로부터 지지를 받게 되어 행정부와 입법부의 통제에서 벗어나게 되었음을 보여준다.

루우크(Rourke, 1976)는 행정조직의 정치적 행동을 이상의 연구에 비해 보다 다양한 시각에서 고찰하고 있다. 그에 따르면 행정조직은 권력을 획득하기 위해 활동한다. 권력 획득을 위해 행정조직은 전문성, 외부의 지원, 조직의 활력, 관리자의 리더십 등과 같은 수단에 의존하게 된다. 행정조직이 권력을 추구하는 궁극적인 이유는 본연의 업무를 원활하게 수행하려는 데에 있을 수도 있고 또는 개인의 욕구를 충족하려는 데에 있을 수도 있다. 즉 권력 추구의 목적은 공익에 있을 수도 있고 아니면 자익에 있을 수도 있다. 어떠한 이유에서든지 행정조직은 보다 많은 권력을 추구하게 된다.

로위(Lowi, 1979)는 행정조직의 권력을 권한위임에서 찾고 있다. 그는 미국 역사 속에서 규제담당 행정조직이 기술적 복잡성으로 인해 많은 권한을 의회로부터 위임받게 되었음을 밝히고, 나아가 법에 명시되지 않은 상태로 권한위임이 이루어져 행정조직이 막강한 권력을 행사하게 되었음을 지적하고 있다.

관료정치 연구는 앨리슨(Allison, 1971)에 이르러 본격화되었다. 그는 쿠바미사일 위기를 설명하기 위해 전통적 행정학 연구방법이었던 합리적 행위자 모형과 조직과정 모형 이외에 정부정치 모형을 제시하면서, 정부정치모형의 적실성을 강조하였다. 정부정치모형은 정책결정이 고위관료들 간의 정치적 협상과 타협을 통해 이루어진다고 보는 입장이다. 결과적으로 앨리슨의 연구를 계기로 행정 현상에 대한 접근이 보다 정치학적 방법을 통해서 이루어질 수 있게 되었다.

구체적으로 정부정치모형에 따르면 정부의 정책결정 과정은 합리적 선택의 과정이 아니다. 정부 내 정책결정 과정에 있어 구성원들은 각자의 입장을 지니고 참여하게 되는데, 입장의 차이는 국가의 이익, 부서의 이익, 개인의 이익 등 다양한 요인에 기인한다. 참여자들은 자신의 입장을 실현하기 위해 서로 협상, 연합, 경쟁하게 된다. 정책이란 참여자들 간의 정치적인 상호작용의 결과로서 나타나게 된다.

2. 합리적 선택 관료제 정치론 I

이상에서와 같이 행정 관료의 독자적 행동에 대한 연구는 주로 사회학적 시각 또는 정치학적 시각에서 이루어졌다. 하지만 이 연구는 경제학적 시각에서도 시도되었다. 합리적 선택 이론가들의 연구가 그것이다.

다운스(Downs, 1957)는 행정 관료를 포함한 모든 공직자를 적어도 부분적으로 자익 추구적 동기에 의해 움직이는 존재로 규정하고 있다. 자익이란 권력, 소득, 명예, 편의, 안전 등을 의미한다. 공직자는 전적으로 이러한 자익적 동기에 의해 움직이거나, 또는 자익과 공익이 혼합된 동기에 의해서 행동한다.

뒤이어 니스카넨(Niskanen, 1971)은 행정 관료가 예산의 극대화를 추구하는 사람으로 정의한다. 예산의 극대화는 소득, 명예, 권력 등 개인적 이익을 자동적으로 수반하기 때문이다. 예산의 극대화는 예산 통제를 담당하는 의회의원에 비해 행정 관료가 보다 많은 정보를 지니고 있기 때문에 가능해진다. 뒤이어 로스(Ross, 1973) 및 젠슨과 메클링(Jensen and Meckling, 1976)은 주인대리인 모형을 통해 대리인이 주인의 감시로부터 벗어날 수 있음을 강조하여 행정 관료의 자익 추구의 가능성을 시사한 바 있다.

3. 합리적 선택 관료제 정치론 II

이상의 연구는 행정 관료의 행동에 초점을 두고 행정 관료의 자익 추구가 가능하다고 주장하고 있다. 반면 이러한 관료의 자익 추구에 관한 주장과는 대조적으로 행정 관료가 이익단체 및 의회의 통제에 대해 순응하게 된다는 주장이 제기되었다. 행정 관료는 외부 집단의 통제에 부분적으로 순응하는 경우도 있고 거의 완전하게 순응하는 경우도 있다.

스티글러(Stigler, 1971) 및 펠츠만(Peltzman, 1976)에 따르면, 행정 관료는 정치인(의회의원)과 야합하여 규제정책을 추진하는 과정에서 규제를 받는 특정이익집단과 서로 편익을 주고받게 된다. 즉 행정 관료는 보조금 지급, 경쟁자 진입제한, 대체산업 억제, 시장가격이상 유지 등의 규제조치를 통해 특정 이익집단에게 막대한 이익을 가져다준다. 대가로 행정 관료와 정치인은 투표지원, 선거운동지원, 정치헌금, 퇴직 후 직장제공 등과 같은 혜택을 특정 이익집단으로부터 제공받게 된다. 이외에 행정 관료가 의회의 통제하에 순응하게 된다는 연구결과가 와인가스트와 모란(Weingast and Moran, 1982) 및 매커빈과 슈워츠(McCubbins and Schwartz, 1984)에 의해서 제시되었다.

4. 제도선택 관료제 정치론

상기 연구는 비현실적인 측면을 지니고 있다. 행정 관료가 자익 추구적 존재이기는 하지만, 현실적으로 정치인의 통제를 받고 있고 또한 완벽한 정보를 지니고 있지 못하고 볼 수 있기 때문이다. 따라서 행정 관료가 이익집단, 의회 의원 및 대통령과 같은 다양한 정치인의 통제 수단에 순응한다고 볼 수도 있다.

예로써 벤더와 모어(Bendor and Moe, 1985)는 행정 관료가 이익 집단, 의회의원, 대통령의 통제에 순응하는 존재라고 주장하고 있다. 이외에 다수의 학자들이 같은 입장에서 다양한 정치 세력들이 행정 관료를 통제하고 있음을 입증하고 있다.

결과적으로 제도선택 관료제 정치론은 관료제를 독립변수로 여기는 전통적 관료제 정치론의 입장을 거부하고 대신 관료제를 종속변수로 간주하는 입장을 수용한다. 관료제는 효율성을 증가시키기 위하여 설 계된 것이 아니다. 관료제는 영속적으로 생존하려고 하며, 정당성과 지지를 얻기 위해 사회의 요구와 필요에 어떤 식으로든지 적응하려 하기 때문이다. 또한 관료제는 규칙의 결과이며, 동시에 정치적 세력 의 결과이다. 따라서 관료제를 개혁하려면 단지 효율성만을 고려해서 는 안 되며 관료제가 행사해야 하는 규칙을 제정하는 정치적 세력의 영향력을 참고하여 방안을 모색하는 것이 바람직하다.

III. 한국에 대한 적실성

상기와 같이 관료제 정치에 관한 연구는 사회학, 정치학 및 경제학 의 시각에서 다양하게 이루어져 오고 있다. 그리고 이러한 미국을 배경으로 만들어진 관료제 정치이론들을 적용하여 한국 사례를 설명하려는 연구가 한국학자들에 의해 시도되고 있다. 이 연구들은 주로 공직자행태, 조직개편, 정책결정 사례를 다양한 정치세력의 영향하에서 설명하는 형태를 지니고 있다. 이 경우 한국에 비해 보다 분권적인 권력구조와 보다 다원적인 사회구조를 배경으로 만들어진 분석틀을 한국의 상황에 맞게 어떻게 어느 정도 수정하여 적용하였는지 고찰하는 일이 큰 의미를 지닌다.

▌ 참고문헌 ▌

Allison, Graham T. 1971. *Essence of Decision.* Boston: Little, Brown and Company.

Bendor, Jonathan, and Terry M. Moe. 1985. "An Adaptive Model of Bureaucratic Politics." *American Political Science Review*, 79(3).

Downs, Anthony. 1957. *Inside Bureaucracy.* Boston: Little, Brown and Company.

Dye, Thomas R. 2005. *Politics in America.* Upper Saddle River: Pearson Prentice Hall.

Jensen, Michael C., and William Meckling. 1976. "Theory of the Firm: Managerial Behavior, Agency Costs, and Ownership Structure." *Journal of Financial Economics*, 3(4).

Lowi, Theodore J. 1979. *The End of Liberalism.* New York: W. W. Norton & Company.

McCubbins, Mathew, and Thomas Schwartz. 1984. "Congressional Oversight Overlooked." *American Journal of Political Science*, 28(1).

Niskanen, Jr., William A. 1971. *Bureaucracy and Representative Government.* Chicago: Aldine·Atherton.

Peltzman, Sam. 1976. "Toward a More General Theory of Regulation."

Journal of Law and Economics, 19.

Ross, Stephen A. 1973. "The Economic Theory of Agency: The Principal's Problem." *American Economic Review*, 12(2).

Rourke, Francis E. 1976. *Bureaucracy, Politics, and Public Policy.* Boston: Little, Brown and Company.

Selznick, Philip. 1966. *TVA and the Grass Roots.* New York: Harper & Row, Publishers.

Simon, Herbert A., Donald W. Smithburg, and Victor A. Thompson. 1965. "The Struggle for Organizational Survival." In Francis E. Rourke, ed. *Bureaucratic Power in National Politics.* Boston: Little, Brown and Company.

Stigler, J. George. 1971. "The Theory of Economic Regulation." *Bell Journal of Economics and Management Science*, 2(1).

Weingast, Barry R., and Mark J. Moran. 1982. "The Myth of Runaway Bureaucracy." *Regulation,* 6(May / June).

Wilson, James Q. 1978. "The Rise of the Bureaucratic State." In Francis E. Rourke, ed. *Bureaucratic Power in National Politics.* Boston: Little, Brown and Company.

제**2**장
공직자는 공익 추구자인가

공직자는 공익 추구자인가

Ⅰ. 개요

공직자는 공익 추구자인가 아니면 자익 추구자인가? 사회과학에는 공직자를 공익 추구자로 보는 입장, 자익 추구자로 보는 입장, 아니면 경우에 따라 공익과 자익을 모두 추구하는 자로 보는 입장 등 세 가지 입장이 존재한다.

첫 번째 입장에는 일부 사회과학자들이 속한다. 두 번째 입장에는 공공선택론을 주장하는 학자들 즉 경제학적 학문 배경을 지닌 학자들이 속한다. 세 번째 입장에는 일부 사회과학자들이 속한다.

어느 입장이든지 공직자의 특정한 입장이 존재하는 것으로 가정하고, 사례분석에 적용하는 것이 일반적이다. 공직자의 입장이 왜 그러한지 자체를 설명하는 경우는 드물다.

켈만(Kelman, 1988)은 공직자를 공익 추구자로 보는 입장에 속한다. 그리고 공직자가 왜 공익 추구자인지를 논리적으로 설명하고 있으며, 사례를 들어 자신의 주장을 뒷받침하고 있다. 이러한 공직자 공익 추구론에 대해 찬성론과 반대론이 있다. 찬성론은 막스 웨버적 국가론을 중심으로 형성되었고, 반대론은 공공선택론을 중심으로 형성되었다. 한국의 경우에도 산업화 시대의 국가발전 상황에 대해서 찬성론이 지배적이었지만, 민주화 시대에 들어 국가부패의 사례가 드러나면서 반대론이 등장하고 있다. 본 장에서는 이러한 이론들의 내용, 상호관계 및 전개과정을 설명하고자 한다.

II. 공직자 공익 추구론[1]

1. 공공선택론과 자익 추구 시각

다운스(Downs, 1957)는 "자기이익원칙"을 제시하였다. 자기이익원칙이란 공직자들은 공직을 활용하여 소득, 명예, 권력을 추구한다는 것을 의미한다. 그들은 결코 특정한 정책을 이행하는 수단으로 공직을

---

1) Steven Kelman, "Why Public Ideas Matter," in Robert B. Reich, ed. *The Power of Public Ideas* (Cambridge: Harvard University Press, 1988).

찾지 않는다. 그들의 유일한 목적은 본질적으로 공직자체를 유지함으로써 보상을 거두어들이는 것이다.

뷰캐넌과 털록(Buchanan and Tullock, 1962)은 공직자의 행태에 관해 이와 동일한 가정을 만들었다. 그들의 주장에 따르면 보통사람들은 시장 활동과 정치 활동에 참여할 때 전체적으로 동일한 가치 척도에 기초를 두고서 행동한다. 달리 말해 투표권자와 소비자는 근본적으로 같은 사람이다.

올슨(Olson, 1965)은 이익집단에 관해 많은 주장을 제기하였다. 그의 주장에 따르면 이익집단에 대한 활동으로부터 얻어지는 이익은 "공공재"이다. 만약 이익집단의 목적이 실현된다면, 목적 달성에 대한 개인들 각자의 공헌에도 불구하고 모든 이들에 의해 공유재는 공유된다. 만약 높은 복지 연금을 제공하는 법이 통과된다면 이것은 단지 법을 제정하기 위하여 일하는 사람들뿐만 아니라 모든 수혜자들에게 이익이 된다. 따라서 자기 이익만을 추구하는 개인들이라면 자신들에게 이익을 줄 수 있는 정부프로그램을 지원하기 위해 조직화하는 것은 비합리적인 행동이 된다. 각 개인은 오히려 다른 사람들이 조직화하도록 내버려 두고 그 결과에 무임승차하는 것이 유리하다.

니스카넨(Niskanen, 1971)은 자기이익원칙을 정부 관료의 행태에 적용하였다. 그의 주장에 따르면 관료들은 공공서비스의 공급을 독점하고 있기 때문에 그리고 공공서비스 공급 비용을 정부 입법가들보다 훨씬 잘 알고 있기 때문에, 자신들에게 실제로 필요한 것보다 더 많은 예산을 요구할 수 있다. 그들은 예산을 극대화하여 모든 부서를 확장하게 된다.

메이휴(Mayhew, 1987)는 의회 의원들은 재선에서 공통적인 목적을 추구하는 사람들이라는 시각에서 출발한다. 의회의원들의 행태와 최종적 입법 결과 사이의 연관성은 분별해내기 어렵고, 투표자들은 일반적으로 어떤 사건에 있어서든 의회의원들의 행동을 인지하기 어렵기 때문에, 공통적인 목적을 가진 사람들은 재선을 목적으로 두 종류의 행태를 나타낸다. "업적 추구"라는 행태, 즉 유권자들 사이에서 "누구든 개인적으로 정부를 움직여 그들이 좋아하는 것을 책임지고 한다는 믿음을 발생시킬 수 있도록 하는 행동"과, "입장 천명"이라는 행태, 즉 "유권자들이 관심 있어 하는 주제에 대해 판결문의 공공 선언을 내리는 행동"을 하게 된다.

2. 정치행태와 이타주의의 가능성

인간은 사회적 동물이라고 아리스토텔레스는 정치학에서 언급한 바 있다. 사람들은 물질적 심리적 필요를 만족시키기 위해 다른 사람에게 의존한다. 가장 원시적인 사회에서도 노동의 분배는 있다. 사람들은 다른 사람들로부터 허가, 존경, 사랑을 얻는다. 사람들 사이의 빽빽한 거미줄 같은 관계가 개인이 다른 사람의 상황에 대해 감정을 이입하도록 만들게 된다.

실제 사람들이 다른 이들의 고통에 직면했을 때 감정 이입을 경험하고 고뇌를 느꼈던 충분한 증거가 있다. 실험실의 실험에서 그러한 반응이 확인되었는데, 예를 들어 실험자가 사다리에서 떨어지는 계획된 사고를 본 사람들은 측정할 수 있는 생리적 변화를 일으켰다. 상당히 현실적이고 극적인 전투 모의실험에서도 군인들의 반응이 나타났다.

피실험자들은 자신을 폭발로 인한 동료 군인의 부상에 대해 상당한 책임을 느꼈다. 이러한 실험들에서 나타난 감정 이입은 무의식적으로 이루어진 것으로 여겨진다. 사람들이 희생자에게서 눈길을 돌리거나 다른 것을 생각하려고 노력하는 것과 같은 어떤 지각적이거나 인식적인 전략을 취하지 않는 이상, 고통이나 비탄에 빠진 누군가에게 감정 이입을 하지 않게 되는 것은 어렵다.

인간에게 무의식적 본성과 감정 이입의 조기 출현은 이기주의처럼 이타주의도 유전적이고 진화론적인 근거를 가지고 있음을 나타낸다. 약탈자를 물리치는 것을 돕는 개인은 같이 도와주는 집단에 쉽게 적응하게 되고 아울러 다른 사람을 위한 관심의 유전자 개발이 촉진된다. 생존을 위해 유사한 유전자를 나누는 것이 허용된다면 개인 생존의 기회를 약화시키는 이타주의적 행동이 진화에 선택될 수 있다는 사실이 인정을 받아왔다. 이타주의를 위한 "유전자"는 같은 유전자 풀로 이익을 얻고 공유했던 사람들을 통해서 전달될 것이다.

3. 공익정신과 정치행태: 증거

공직자의 이기주의적 행태는 1960년대에 미국 정부가 빈민들을 위해 막대한 지출을 증가시켰던 사례를 설명할 수 있을까? 당시 빈민들은 선거인단도 아니었고, 이익집단으로 조직화되어 있지도 않았다. 공공선택 이론가들은 때로 빈민들에게 서비스를 제공하는 사람들을 대표하는 이익집단의 영향력이 작용하였을 것으로 주장한다. 하지만 무방비의 정치체제를 압도하는 사회 노동자들의 불굴의 로비의 영향력이 빈민들에게 도움을 주었다고 보기는 어렵다.

또한 1970년대 중반에 발생하였던 의료 증진, 안전 증진, 환경 규제의 사례는 어떠한가? 이러한 프로그램은 조직화되지 못한 소비자와 환경보호론자들의 이익을 반영하였고, 잘 조직화된 기업들의 소망을 반영하지 않았다. 보통 이익단체로서 환경단체는 환경 법률을 주도하기보다는 뒤쫓는 것이 고작이었다.

게다가 1970년대 중반에 규제 완화로 인한 예산삭감에 대해서도 자익 추구모형은 설명할 수 없었다. 이 기간에 기업규제 철폐라는 혁신적인 승리는 잘 조직화된 생산자가 규제로부터 이익을 얻고, 잘 조직화되지 못한 소비자가 탈규제로부터 이익을 얻는 항공과 운송부문에서 나타났다. 즉 규제철폐의 양상이 자익 추구모형에서 예측한 것과 정반대로 나온 것이다.

이상의 세 가지 사례들 즉 1960년대에 미국 정부가 빈민을 위해 사회복지예산을 대폭 증가시킨 사례, 1970년대 중반에 건강, 안전, 환경 규제를 대폭 강화시킨 사례, 그리고 물가인하정책과 트럭 및 항공규제 완화 정책을 추진한 사례는 기업 이익집단이 강하고 기업이익에 반대하는 이익집단이 약한 상황에서 나타났다. 결과적으로 이러한 변화는 정부의 설득력, 정치적 자원, 그리고 문제와 해결책을 연결하는 정부의 공익정신과 아이디어에 의해 이루어졌다고 판단된다. 공공선택 이론이 설명할 수 없는 사례들이다.

III. 공직자 공익 추구론에 대한 찬성론과 반대론

이상과 같이 켈만은 공직자의 행동동기를 공익정신에서 찾고 있다. 방법론적으로는 주로 생물학과 심리학에 기반을 두고 행동동기를 설명하고 있다. 타인의 슬픔과 고난을 감정이입을 통해 공감하게 되는 인간의 본성이 있어 이타주의적 행동이 나타나게 됨을 강조하고 있다. 나아가 1960년대와 1970년대에 미국의 국내정책에서 공직자의 공익정신이 정책형성에 영향을 주었음을 입증하고 있다.

공직자 공익 추구론은 생물학적·심리학적 배경하에서, 전체 공직자들 대상으로 만들어졌다. 그리고 미국의 일부 국내정책을 사례로 활용하여 분석이 이루어졌다. 따라서 미국의 일부 국내정책 결정과정을 설명하는 데에 있어 공직자 공익 추구론은 타당성과 설명력이 높은 것으로 판단된다.

무엇보다도 공직자 공익 추구론은 전통적인 접근법과는 다른 새로운 접근법을 제공하고 있다는 점에서 인간의 정치적 행동에 대한 연구에 크게 기여하고 있다고 여겨진다. 전통적으로 인간의 정치적 행동은 정치문화 접근법과 합리적 선택 접근법에 의해 주로 연구되어왔다. 그런데 공직자 공익 추구론은 공직자의 행동을 생물학적·심리학적 차원에서 고찰하고 있다.

인간의 정치적 행동에 대한 전통적인 접근법을 소개하면 다음과 같다. 우선 정치문화 접근법은 사회가 개인행동에 가하는 규범적 제약을 강조하고 있으며, 규범적 제약이외에 다른 요인에 의해 개인행동이 나타나는 것을 허용하지 않는다. 이 접근법에 따르자면 개인은 그가 속

한 사회의 규범과 가치를 내면화하게 되고, 나아가 내면화된 규범과
가치에 따라 개인은 행동하게 된다.

반면 합리적 선택 접근법은 합리성의 원칙을 가정하여, 개인행동이
전적으로 목표를 달성하기 위한 최적의 수단을 찾으려고 노력하는 가
운데에 결정된다고 보고 있다. 단 사람들이 특정한 목표를 지녔다고
가정하지는 않는다. 이러한 점에서 부 또는 지위와 같은 특정한 목표를
극대화하려고 노력한다고 가정하는 막스주의자와는 대조를 이룬다.

켈만이 주장하는 공직자의 공익 추구적 행동은 기존의 막스 웨버적
국가론 연구에서 자주 등장한다. 막스 웨버적 국가론 연구는 국가가
국익을 위해 행동하거나 정책을 추진하고 있음을 기본적인 가정으로
하고 있다. 대부분 연구들은 국가의 자율성이 사회발전에 기여하고 있
다고 주장한다. 막스 웨버적 국가론 연구의 예를 들면 다음과 같다.

스테판(Stepan, 1978)은 남미의 조합주의 정권을 설명한다. 그의 주
장에 따르면 전문가적 군인 엘리트가 조합주의 정권을 설립하고, 페루
의 경우는 포괄적 조합주의, 그리고 브라질의 경우는 배타적 조합주의
정권을 설립하고, 강력한 국가권력을 사회질서와 경제발전을 위해 사
용한다. 트림버거(Trimberger, 1978)는 일본과 터키의 근대화 과정에
서 발생한 혁명과 군사쿠데타를 고찰한다. 그의 주장에 따르면 군인을
포함한 관료 엘리트가 전통적인 지주계급과 귀족계급을 혁파하고 경
제 근대화를 위한 방향을 재설정하기 위해 기여한다.

헤클로(Heclo, 1974)는 선진국의 국가가 사회정책 발전에 기여하고
있음을 설명한다. 영국과 스웨덴에서 관료가 사회복지정책을 진단하
고 결정하는 데에 주도권을 가진다. 반면 정당과 이익집단은 이러한
역할을 수행하지 못한다. 카첸스틴(Katzenstein, 1984)은 국가 자율성

의 대외경제정책에 대한 영향을 설명한다. 국가의 구조가, 정책수단과 함께, 사회세력에 영향을 줄 수 있는 국가의 역량을 결정한다. 따라서 일본과 같이 높은 수준의 국가 자율성을 지닌 국가는 1970년대에 발생한 석유가격 위기에 성공적으로 대처한 반면, 미국과 같이 낮은 수준의 자율성을 지닌 국가는 대처에 어려움을 겪었다.

크래스너(Krasner, 1978)도 국가 자율성과 대외경제정책 발전 간의 관계에 대해 유사한 주장을 하였다. 그는 국가 자율성을 국가가 사회집단으로부터의 저항을 극복해 내는 수준으로 정의하였다. 그의 주장에 따르면 미국의 국가 정책결정 담당자들은 해외자원투자 분야에서 국가를 위해 일관성 있는 목표를 달성하기 위해 노력해 왔는데, 국제적 또는 국내적 제약으로 인해 이러한 목표 달성에 어려움을 겪기도 하였다. 스카치폴(Skocpol, 1984)은 러시아, 중국, 프랑스의 혁명 과정 속에서 역동적인 정치적 변화를 국가별로 설명하고 있다. 국가가 국내 사회와 국제 환경 간의 중간에 위치하여 자율성을 가지고 국가질서와 안정을 위해 작용하고 있음을 보여주고 있다.

상기된 막스 웨버적 국가론 연구들은 거시적 분석 즉 국가발전정책 또는 해외경제정책에 대해서는 타당성과 설명력이 높은 것으로 나타났다. 그런데 막스 웨버적 국가론 연구들에서는 국가의 국익 추구적 행동을 연역적으로 가정하고 있으며, 구체적으로 국익 추구적 행동의 원인 또는 원천에 대해서 언급이 없다. 이러한 점에서 켈만의 연구는 막스 웨버적 국가론 연구가 규명하지 못했던 부분을 보완해 주고 있다고 판단해 볼 수 있다.

한국의 경우에 켈만의 주장은 과거의 사례에 대해 어느 정도 적합성이 있다. 산업화 과정에서 국가발전을 위한 공직자의 주도적 역할을 강조하는 연구들이 이에 해당된다. 예를 들어 존슨(Johnson, 1984: 151-160)은 관료의 전문성과 국가의 자율성이 국가발전에 기여했음을 강조하고 있다. 해거드와 문(Haggard and Moon, 1983: 141-155)은 강한국가, 국가의 경제자원에 대한 통제, 그리고 군부의 개혁적 지도력이 한국이 1960년대에 수출주도 전략을 성공적으로 추진하는 데에 기여하였음을 지적한다. 이 연구들 역시 군부와 관료의 국익 추구적 행동의 원천에 대해서는 구체적으로 설명하지 않고 있다.

하지만 1987년 민주화 이후 드러나기 시작한 정경유착과 관료부패의 사건들은 한국 상황에 대한 켈만 주장의 타당성을 떨어뜨리고 있다. 최근 발생한 세월호 사건과 공직자들이 퇴임 후 기업에 재취업하여 대우를 받는 민관유착 현상, 즉 소위 전관예우 또는 관피아의 현상은 켈만의 주장과 상반되는 사례를 제시하고 있다.2)

전관예우라는 의미는 퇴직한지 얼마 안 되는 판검사 출신 변호사가 수임한 사건을 현직에 있는 선후배들이 잘 봐 준다는 의미이다. 덕분에 의뢰인이 몰려 일반 변호사와는 차원이 다른 고액의 수임료를 받아 단기간에 거액을 모은다는 것이다. 이를 막아 보자는 전관예우금지법은 판검사가 퇴임 직전 1년간 일한 법원이나 검찰청 사건을 퇴임 후 1년간 맡지 못하도록 금지했다. 이법은 잘 지켜지고 있다. 하지만 1년 후 개업하자마자 의뢰인들이 몰려드는 것이 실상이다. 결과적으로 고위법조인에 대한 전관예우 논란은 국회 청문회에서 지속되고 있다. 이

---

2) 한국의 민관유착 현상을 설명하기 위해서는 주인대리인 이론이 유용할 것으로 생각된다. 이 이론의 내용에 대해서는 본서의 제3장에서 자세하게 언급되므로 생략하기로 한다.

런 가운데에 국회 청문회에선 전관예우의 기준을 실제 행위 여부가 아니라 "금액"으로 따지는 게 관행처럼 굳어졌다.[3]

관피아라는 의미는 관료가 퇴직 후 관련 민간 기업에 취업하여 민간 기업의 이익을 대변하여 부당하게 활동하는 경우를 의미한다. 예를 들어 해양수산부와 해경 근무자가 퇴직 후 해운조합에 취업해 해운업계 이익을 대변하여 활동하는 경우에 해피아라고 불리운다. 이외에 부처별로 다양한 종류가 있다.

---

3) 『중앙일보』, 2014년 5월 29일.

▌참고문헌 ▌

Buchanan, James M., and Gordon Tullock. 1962. *The Calculus of Consent.* Ann Arbor: University of Michigan Press.

Downs, Anthony. 1957. *Inside Bureaucracy.* Boston: Little, Brown and Company.

Haggard, Stephen, and Chung-in Moon. 1983. "The South Korean State in the International Economy: Liberal, Dependent, or Mercantile?" In John Gerald Ruggie, ed. *The Antinomies of Interdependence.* New York: Columbia University Press.

Heclo, Hugh. 1974. *Modern Social Politics in Britain and Sweden.* New Haven: Yale University Press.

Johnson, Chalmers. 1987. "Political Institutions and Economic Performance: The Government-Business Relationship in Japan, South Korea, and Taiwan." In Frederic C. Deyo, ed. *The Political Economy of the New Asian Industrialism.* Ithaca and London: Cornell University Press.

Katzenstein, Peter J. 1984. *Between Power and Plenty: Foreign Economic Policies of Advanced Industrial States.* Madison: The University of Wisconsin Press.

Kelman, Steven. 1988. "Why Public Ideas Matter." In Robert B. Reich, ed. *The Power of Public Ideas.* Cambridge: Harvard University Press.

Kraser, Stephen D. 1978. *Defending the National Interest: Raw Material Investments and U.S. Foreign Policy.* Princeton: Princeton University Press.

Mayhew, David. 1987. "The Electoral Connection and Congress." In Mathew D. McCubbins and Terry Sullivan, eds. *Congress: Structure and Policy.* New York: Cambridge University Press.

Niskanen, Jr., William A. 1971. *Bureaucracy and Representative Government.* Chicago: Aldine · Atherton.

Olson, Mancur. 1965. *The Logic of Collective Action.* Cambridge: Harvard University Press.

Skocpol, Theda. 1984. *States and Social Revolutions: A Comparative Analysis of France, Russia, and China.* Cambridge: Cambridge University Press.

Stepan, Alfred. 1978. *The State and Society: Peru in Comparative Perspective.* Princeton: Princeton University Press.

Trimberger, Kay Ellen. 1978. *Revolution from Above: Military Bureaucrats and Development in Japan, Turkey, Egypt and Peru.* New Brunswick: Transaction Books.

제3장
공직자는 자익 추구자인가

제3장

공직자는 자익 추구자인가

I. 개요

조직을 운영하는 일은 쉬운 일이 아니다. 조직의 주인이 원하는대로 조직의 구성원들이 행동하지 않기 때문이다. 인간은 자익 추구자이기 때문에 주인의 목표에 따라 구성원들이 일하는 것을 기대하기가 어렵다.

전통적으로 조직운영에 관해 심리학, 사회학, 경영학 등 많은 분야에서 연구가 이루어져왔다. 키위트와 매커빈(Kiewiet and McCubbins, 1991)은 경제학적 시각에서 조직운영에 관한 이론을 정립하였다. 이 이론은 주인대리인 이론이라고 명명된다.

이러한 주인대리인 이론에 대해 찬성론과 수정론이 있다. 찬성론은 한국의 상황에 기존 이론이 적용되면서 만들어졌다. 수정론은 기존 이론이 한계점을 지적받으면서 만들어졌다. 수정론은 제도선택 이론이라고 명명되고 있으며 미국과 한국에 모두 적용되고 있다. 상기된 이론들의 내용, 상호관계 및 전개과정을 설명하고자 한다.

II. 주인대리인 이론[1]

1. 집단행동과 권한위임

조직을 운영하는 일은 힘들다. 개인들의 이기적인 행동을 통합하여 집단행동으로 만들어야 하기 때문이다. 집단행동의 어려움의 예로써 죄수의 딜레마 문제, 단순한 조정부족 문제, 그리고 순환적 다수결 문제를 들 수 있다.

대부분 잘 알려져 있는 집단행동의 문제는 죄수의 딜레마 게임이다. 딜레마의 수수께끼는 개인들이 자신들의 이익을 극대화하려고 하다 보니, 사회의 전체적인 이익에 적대적인 길로 행동하게 되는 유인을 가지게 되었다는 것이다. 딜레마의 좋은 예는 공공재이다.

단순한 조정문제는 두 대의 차가 동시에 교차로에 들어올 때 발생한

---

1) Roderick D. Kiewiet and Mathew D. McCubbins, "Delegation and Agency Problem," in *The Logic of Delegation* (Chicago: The University of Chicago Press, 1991).

다. 어느 쪽 운전자도 누가 먼저 가는지에 각별히 마음에 두지 않고, 둘 다 충돌을 피해야 한다고 아주 걱정스러워한다. 그러나 자주 발생하는 것은 거짓 출발과 급속한 정지를 반복하면서 신경을 곤두세우는 갈등을 통해 교차로를 통과하는 일이다.

집단행동을 수행하는 사회의 결정은 하나의 선택에서 다른 선택에까지 순환될지도 모른다. 예를 들면 공원, 도로, 도서관 건설을 선택하다가 다시 공원 건설로 돌아가는 것이다. 사회적 선택의 불안정성의 중요한 함의는 사회의 한 사람 또는 더 많은 사람들이 그들의 이익을 위해 전략적으로 행동함으로써 의사결정 과정을 조작할 수 있다는 것이다.

2. 대리인의 자익 추구가 가능한 이유와 실례

1) 숨겨진 행동과 숨겨진 정보

공장에서 근로자들은 일정한 조립속도와 조립능력을 지닌다. 그러나 그들은 이런 정보공개를 원하지 않는다. 왜냐하면 그들은 위험천만한 속도의 가혹한 일을 원하지 않기 때문이다. 또한 근로자들은 근면한지 게으른지, 재능이 있는지 없는지, 위험을 싫어하는지 감수하는지 등에 관한 정보가 전달되는 것을 원치 않는다. 이러한 숨겨진 정보 이외에 숨겨진 행동도 여러 상황에서 존재한다. 예를 들어 주주들은 회사 관리자들이 성과를 위해 최선을 다해 행동하는지 그렇지 않은지 관찰할 수 없다.

2) 매디슨의 딜레마

권력분립의 주장은 새로운 헌법아래 열거된다. 매디슨은 연방주의자 보고서 제51장에서 "사람이 사람을 관리하는 정부체계를 설립하는 데에 커다란 어려움이 있다. 우선 우리는 정부가 국민을 지배하게 해야 한다. 그리고 나서 정부가 자신을 스스로 통제하게 해야 한다"라고 기술하였다. 연방헌법 제정자들은 효과적인 지배를 위해 만들어진 정부가 국민들을 압박하기 위해 필요 시 충분히 강력해질 수 있음을 두려워했다. 매디슨의 딜레마는 숨겨진 행동과 숨겨진 정보가 야기하는 결과가 아니라, 이러한 상황들이 악화시킨 문제라고 볼 수 있다. 오히려 이 문제는 그들이 처한 유리한 전략적 상황을 이용한 결과로 나타난 것이다.

3) 집단 주인과 집단 대리인

숨겨진 행동, 숨겨진 정보, 그리고 매디슨의 딜레마, 이들의 문제점은 모든 대리 관계에서 발생한다. 그러나 집단 대리인과 집단 주인 간에 추가적인 위험이 나타날 수 있다. 즉 집단 주인은 대리인의 행위에 대한 단일한 한 가지의 선호를 고지하거나 대리인을 위한 지배적인 보상으로서 단일계약을 제공할 수 없다. 이 경우 대리인은 집단 주인의 정책결정 과정을 전략적으로 교묘하게 조작할 수 있다. 또한 관리나 통솔의 권한을 위임받은 대리인은 그들의 의제설정 권력을 사용할 수 있다. 그래서 집단 주인들이 일종의 매디슨 딜레마에 처하게 만들 수 있다. 반대로 대리인이 집단적인 경우도 있다. 이 경우에 생산팀이나 위원회 같은 집단 대리인으로 임명된 개인을 단독으로 분리하여 성향이나 능력을 평가하기 어렵다.

3. 대리 문제의 극복방안

1) 계약 설계

주인과 대리인 간의 어떤 계약도 참여강제 요건을 만족시켜야 한다. 대리인의 보수는 최소한 그의 기회비용과 동등해야 한다. 그러나 주인이 대리인의 노동력으로부터 얻을 수 있는 한계효용보다는 적어야 한다. 만약 이런 관계가 성립되지 않을 때에 한쪽 또는 다른 쪽은 관계진입으로 더 나아갈 수 없으며 따라서 그렇게 하는 것을 거부할 것이다.

주인과 대리인의 관계에 숨겨진 정보, 숨겨진 행동이 존재하는 경우에는 급여 설계는 솜씨가 필요한 교묘한 작업이다. 예를 들면 주인이 의도한 것과는 다른 행태를 대리인에게서 끌어낼 수 있는 인센티브를 창조할 수 있는 보상체계가 있다.

이윤 분배 혹은 회사의 성과와 연관된 보너스를 예로 들 수 있다. 다른 예는 소작에 대한 협정이다. 고정된 비용을 받는 것이 아니라, 토지의 소유주들은 소작인에게 땅을 빌려 주고 수확물의 일정 비율을 받는 것이다.

2) 심사 및 선정 메커니즘

주인이 대리인에 대한 정보가 부족한 상황에서 다음과 같은 방법을 사용할 수 있다. 첫째, 면접 시 지원자의 잠재력을 주의 깊게 관찰한다. 둘째, 지원자를 견습기간을 거쳐서 채용한다. 셋째, 동일한 조건하에서 경험이 많은 지원자를 선호한다.

3) 감시와 보고 요구

한번 주인과 대리인이 상호 관계에 들어가면, 숨겨진 정보와 행동의 상태를 제거하는 가장 확실한 방법은 대리인에게 숨겨진 정보와 행동을 모두 보고하게 하는 절차를 만드는 것이다. 그러나 대리인이 보고를 회피하거나 거부할 수 있다. 이러한 경우 감시의 방법이 사용될 수 있다. 두 가지 감시방법이 있다.

우선 주인들은 "경찰 순찰" 감시방법, 즉 회계감사 또는 조사 등과 같은 감시방법을 사용한다. 직접적 감시는 주인의 많은 시간과 노력을 필요로 한다. 또한 공장에서 일하고 있는 어떤 사람이라도 지속적 감시는 감독자와 피감독자 양쪽의 사기를 저하시키고 품위를 손상시킨다고 여겨진다.

반면 "화재 경보" 감시방법은 여러 가지 장점이 있다. 첫째, 적은 돈으로 많은 정보를 얻을 수 있다. 둘째, 이것은 보다 정확한 정보를 제공해준다. 셋째, 주인과 대리인 간의 통제관련 업무계약 체결을 간소화시켜준다.

4) 제도적 견제장치

제도적 견제장치에 관해서는 여러 가지 방안을 언급할 수 있다. 우선 기관이 대리인에게 권한을 위임했을 때 그 대리인의 행동을 거부할 수 있는 권한을 가진 또 다른 대리인을 임명할 수 있다. 예로써 정부조직 설립자들은 그들이 만든 보다 강력한 압박의 의지를 가진 중앙정부와 연결된 견제장치를 많이 만들어 두었다. 대부분의 기업들도 견제장치를 사용하고 있다. 예를 들어 예산지출을 과다하게 할 경우에 관리자와 감사관의 승인이 필요하다. 대학에도 견제장치가 있다. 중요한 결정은 최고경영자의 승인, 대학특별 위원회의 승인, 이사의 비준을 거치게 되어 있다.

III. 주인대리인 이론에 대한 찬성론과 수정론

이상과 같이 키위트와 매커빈은 조직 운영의 어려움을 구성원의 대리인으로서의 자익 추구적 행동에서 찾고 있다. 방법론적으로는 경제학에 기반을 두고 행동을 설명하고 있다. 구체적으로 숨겨진 행동과 숨겨진 정보에 의해 자익 추구적 행동이 가능해진다. 대리 문제를 완화하기 위해 계약 설계, 심사 및 선정 메커니즘, 감시 및 보고 요구, 제도적 견제 등 네 가지 방법이 사용될 수 있다. 이러한 주장은 공조직과 사조직에 모두 적용되는 보편적인 이론으로 제시되고 있다.

주인대리인 이론은 경제학적 배경하에서, 공직자를 포함한 일반인을 대상으로 만들어졌다. 그리고 주인과 대리인 간의 모든 관계를 사례로 활용하여 분석이 이루어졌다. 따라서 이 이론은 정부와 기업 내 구성원들 간의 관계를 설명하는 데에 있어 타당성과 설명력이 높은 것으로 판단된다.

한국의 상황에 주인대리인 이론을 적용하여 분석하는 사례는 지속적으로 나타나고 있다. 근래 들어 황혜신(2005)은 국민의 정부 의약분업 정책결정 사례를 다루고 있다. 대통령과 정부를 주인으로 시민단체를 포함한 이익집단을 대리인으로 보고 의약분업정책의 성공과 실패를 분석하고 있다. 의약분업 정책에 관련하여 국민의 정부 이전에는 정책 주창자가 의회나 일부 집단이었으므로 정책에 대한 지지가 미약하였던 반면, 국민의 정부에서는 정책이 대통령의 강력한 지지를 받았다. 따라서 주인에 해당하는 대통령과 정부가 합의기구 구성원을 선임하는 과정에서 대리인에 해당하는 시민 단체를 선정하여 지원함으로써 의약분업 정책을 성공적으로 이루어냈다. 결국 시민 단체는 일종의 조작된 대리인이라고 볼 수 있으며, 주인의 대리인에 대한 태도 여부에 따라 정책결과가 달라질 수 있음을 나타낸다.

정성호·정창훈(2012)은 주인대리인의 관점에서 지방정부의 회계부정을 내·외부통제 측면에서 고찰하고 해결방안을 제시하고 있다. 내부통제의 경우 주민과 선출직공무원간 관계에서 야기될 수 있는 역선택과 도덕적 해이를 방지하기 위해 예산과 결산부서의 통합, 전문회계사의 공공부문 영입, 사업별 실명제, 행위자간 책임귀속 강화를 건의하였다. 또한 선출직 공무원과 일반공무원의 관계에서 선출직 공무원의 정보제약에서 야기되는 제반 회계부정행태는 행위자간 책임귀속을 강화하는 방안을 제안하였다. 외부통제의 경우 선출직공무원과 일반공무원의 관계에서 선출직공무원의 정보제약은 외부 회계감사를 통해 보완할 것을 건의하였다. 또한 주민과 선출직 공무원의 관계에서 무모한 사업추진을 막기 위해 일정 규모 이상 사업 승인시 주민 투표제를 제안하였다.

이화영·강민아(2013)는 국제개발 협력사업 사례를 다루고 있다. 국제개발원조 공여국을 주인으로 수원국을 대리인으로 보고, 또한 수원국 국민을 주인으로 수원국정부와 개발업자를 대리인으로 보고 책무성 결핍의 원인을 규명하고 처방을 제시하고 있다. 여태까지 주인과

대리인 간에 유인기전인 성과를 기반으로 한 조건부 계약이 주로 사용
되어 짐으로써, 많은 문제가 야기되었다. 즉 이로 인해 공여국 간에
간섭도가 증가하고, 수원국의 의존성이 증가하였고 조건을 충족시키
기 위한 불필요한 관료적 절차와 거래비용도 증가하고, 주인의식을 훼
손하고, 궁극적으로 주인인 자국의 국민들에 대한 책무성을 희석시켰
다. 이 문제를 해결하기 위해 여러 가지 유인기전이 가능하겠지만, 주
인과 대리인 간에 일방적으로 책무성을 부여하고 받는 관계가 아닌
서로 공유된 가치관과 자발적 절차를 통한 상호 책무성이 형성되어
이를 기반으로 서로 협력하는 것이 근본적인 해결책이 될 수 있음을
강조하고 있다.

한편 주인대리인 이론은 한계점이 있다. 우선 인간을 너무 단순한
존재로 가정한다. 그리고 주인과 대리인 간의 권력과 자원의 분포가
이론의 가정과 달리 현실에서는 불균형의 정도가 적을 수도 있다. 따
라서 이론의 모든 내용을 수용하기에는 문제가 있다.

따라서 주인대리인 이론을 수정된 형태로 적용하는 경우도 발견된
다. 예로써 제도선택이론을 들 수 있다. 제도선택이론은 대리인의 자
익 추구적 태도를 인정하지만, 정보불균형의 가정은 인정하지 않는다.
따라서 대리인의 정보는 충분하지 않으며, 아울러 주인의 통제수단도
어느 정도 효과적이기 때문에, 주인이 대리인의 행동에 상당한 영향력
을 행사할 수 있다.

예를 들어 모어(Moe, 1985)는 미국의 연방노동관계청의 산출물을
연구하였다. 구체적으로 연방노동관계청의 결정에 대한 정치적 제도
와 경제적 환경의 영향을 분석하였다. 분석 결과 노동조합원의 제소건
수, 전문위원의 심사통과 확률, 최종결정 중 친노동적으로 결정된 비

율에 대해 대통령의 임면권 행사, 의회의 이념적 성향, 법원 사건판결의 편향성, 실업률, 인플레이션 증가율이 영향을 주는 것으로 나타났다. 우드와 워터맨(Wood and Waterman, 1991)은 미국의 평등고용위원회를 포함한 일곱 가지 정부기관의 산출물을 연구하였다. 구체적으로 일곱 가지 정부기관의 결정에 대한 정치적 제도의 영향을 분석하였다. 분석 결과 소송, 활동, 단속, 체포, 기술평가, 중지명령, 조사 등의 건수에 대해 대통령의 임명권과 해임권, 의회의 임명권과 해임권, 예산의 증감, 의회의 청문회 건수와 개최 일수가 영향을 미치는 것으로 나타났다.

김시동(2004: 119-133)은 제도선택이론을 통해 한국의 감사원을 분석하고 있다. 그의 연구에 따르면 감사원의 산출물로써 감사처리결과는 정치적 제도와 맥락적 제도의 영향을 받는다. 즉 감사원이 내리는 전체 감사처리결과, 변상판정과 징계 및 문책은 대통령의 감사선호도, 감사원장의 리더십, 여당의석 확보비율, 실업률 등의 영향하에 결정된다.

구체적인 분석결과는 다음과 같았다. 첫째, 대통령의 감사선호도와 여당의석 확보비율이 전체 감사처리결과 변량의 37.3%를 설명하였으며, 대통령의 감사선호도와 여당의석 확보비율은 전체 감사처리결과를 유의하게 예측하는 변인으로 나타났다. 둘째, 대통령의 감사선호도, 여당의석 확보비율 및 실업률이 변상판정 변량의 37.8%를 설명하였으며, 대통령의 감사선호도, 여당의석 확보비율과 실업률은 변상판정을 유의하게 예측하는 변인으로 나타났다. 셋째, 대통령의 감사선호도와 여당의석 확보비율이 징계 및 문책 변량의 48.4%를 설명하였으며, 대통령의 감사선호도와 여당의석 확보비율은 징계 및 문책을 유의하게 예측하는 변인으로 나타났다.

결론적으로 대통령과 여당이 감사원에 대해 영향력을 미친다고 판단된다. 분석결과 대통령과 여당은 감사원의 감사산출물에 영향을 주고 있기 때문이다. 반면 국회의 감사원장에 대한 임명동의권 또는 법제사법위원회 개최빈도는 영향을 주지 못한다.

일반적으로 주인대리인이 가정하는 자익 추구적 행동은 존재한다고 인정할 수 있다. 하지만 주인이 고안한 제도적 장치가 대리인의 자익 추구적 행동을 통제하는 데에 상당한 효과를 거두고 있는 것도 사실이다. 따라서 제도선택이론은 상기 연구를 통해 입증된 정부기관의 행정업무에 대해 이론으로서의 타당성과 설명력이 높으며, 한국에 대한 적용가능성도 높다고 여겨진다.

▌ 참고문헌 ▌

김시동. 2004. "제도선택적 관료정치모형의 한국적 적용가능성에 관한 연구: 감사원 감사산출물을 중심으로." 박사학위논문. 충남대학교 대학원.

이화영·강민아. 2013. "국제개발협력에 관여하는 주체들간의 책무성: 주인-대리인 관계의 시각에서." 『한국정책학회 추계학술대회 논문집』.

정성호·정창훈. 2012. "지방정부의 회계부정과 그 해법: 주인-대리인 이론을 중심으로." 『한국정책학회 춘계학술대회 논문집』.

황혜신. 2005. "주인 대리인 이론의 정책과정에의 시론적 적용: 국민의 정부 의약분업 사례의 또 다른 해석." 『한국정책학회보』, 14(4).

Kiewiet, D. Roderick, and Mathew D. McCubbins. 1991. "Delegation and Agency Problem." In *The Logic of Delegation*. Chicago: The University of Chicago Press.

Moe, Terry. 1985. "Control and Feedback in Economics Regulation: The Case of the NLRB." *American Political Science Review*, 79(4).

Wood, B. Dan, and Richard W. Waterman. 1991. "The Dynamics of Political Control." *American Political Science Review*, 85(3).

제4장

의회의원은 정치과정에서
무엇을 위해 행동하는가

의회의원은 정치과정에서
무엇을 위해 행동하는가

I. 개요

의회의원은 어떠한 존재일까? 이에 대해 의원들의 행동을 복합적으로 설명하는 입장이 주류를 이루어 왔다. 예를 들어 의원들은 행동 동기는 재선에서 당선되기 위한 자익 추구에도 있지만 훌륭한 정책을 만들려는 공익 추구에도 있다는 것이다.

하지만 메이휴(Mayhew, 1987)는 의회의원의 행동을 재선의 의지라는 자익 추구의 차원에서 고찰하고 있다. 재선을 위해 의회의원의 행동을 세 가지로 구체화하였다. 그리고 세 가지 행동이 재선에 어떻게 기여하게 되는지 설명하고 있다.

이러한 재선의 의지론에 대해 찬성론과 반대론이 있다. 찬성론과 반대론은 재선의 의지론의 타당성을 간접적으로 지지하거나 또는 거부하고 있다. 결과적으로 찬성론과 반대론은 재선의 의지론을 이해하는데에 크게 기여하고 있다. 상기된 이론들의 내용, 상호관계 및 전개과정을 설명하고자 한다.

II. 재선의 의지론[1)]

펜노(Fenno, 1973: 1)는 의원의 세 가지 중요한 목적을 지정했다. 재선에 성공하기, 의회 안에서 영향력 행사하기, 그리고 훌륭한 공공정책을 만들기 등 세 가지이다. 의회의원의 목적은 재선에만 있지는 않다. 현대 의원으로 상원의원 플부라이트(Fulbright)는 훌륭한 업적을 남겨 귀감이 된다.

하지만 재선의 의지는 보편적 매력을 지닌다. 재선은 모든 의회의원에게 최고의 목적이고 다른 목적들이 향유되어도 반복적으로 성취되고 있다. 의회의원들은 선거에서 무난하게 승리하든지 아니면 근소한 득표차로 승리하든지 여부와 상관없이, 끊임없이 재선을 위한 행동에 참여한다. 의회의원들은 그들의 재직 기간 동안 날마다 그러한 행동을

---

1) David Mayhew, "The Electoral Connection and Congress," in Mathew D. McCubbins and Terry Sullivan, eds., *Congress: Structure and Policy* (New York: Cambridge University Press, 1987).

하는 것이 필요하다. 의원들이 선거에 유용하다고 판단되는 세 가지 행동은 다음과 같다.

1. 선전

첫 번째 행동은 선전인데, 여기에서는 개인의 이름을 유권자들 사이에 어느 특정한 내용과 화제와 상관없이 호의적인 인식을 만드는 방향으로 유행처럼 퍼뜨리려는 노력으로 정의된다. 성공한 의회의원들은 브랜드 네임과 같은 것을 세우는데, 그것은 같은 정당의 다른 정치가들을 위해 일반화된 선거 가치를 가지고 있을 것이다. 강조되는 개인적 자질들로 경험, 지식, 책임감, 관심, 성실성, 독립성 등이 있다. 누군가의 이름을 널리 알린다는 것만도 충분히 어려운 일이다. 선전은 의회의원들이 알려질 수 있도록 도와준다.

이를 위해 표준적인 일과들이 있다. 유권자들을 자주 방문하고, 가정의 청중들에게 비정치적인 연설을 하며 육아관련 소책자와 애도와 축하의 편지를 보내는 것이 그것이다. 또는 유권자들에게 소식지를 정기적으로 보내며, 신문에 기사나 칼럼을 게재하며, 정기적으로 라디오나 TV에 출연하여 그들의 유권자들에게 보고하며, 정기적으로 설문지를 보낸다.

2. 업적 주장

두 번째 행동은 업적 주장이라고 불리는데, 의회의원 자신이 유권자들이 바람직하다고 여기는 것들을 정부로 하여금 하도록 하는 것에 책임감을 가지고 있다는 믿음을 유권자들에게 심어주는 행위로 정의된다. 의회의원이 만족스러운 결과를 만들어 내게 되면 그가 미래에도 계속 의회에 머무르는 것을 유권자가 소망할 것이라고 기대해 볼 수 있기 때문이다. 여기에서는 이것이 개인적인 성과이고, 정당이나 정부의 성과라기보다, 실천가로서의 의회의원이라는 점이 강조된다.

어느 곳에서 명성은 발견될 수 있을까? 각 의회의원들은 그들이 책임감을 발생시킨다고 믿을 수 있는 정치의 업적들을 드러내기 위해 노력하는 것이 필요해진다. 의회의원은 "특별한 혜택"을 제공하기 위해 노력한다.

특별한 혜택의 예로써 사회복지 민원해결을 들 수 있다. 수천 호의 의회의 사무실은 정상적으로 입법 조치를 요구하지 않은 방법의 탄원자를 위하여 일을 해낸다. 각 사무실은 관료제를 풍금과 같이 다룰 수 있는 숙련된 전문가들을 가지고 있다. 원하는 결과들을 발생시키기 위하여 적합한 페달들을 밟아댄다.

또한 의회의 분업 때문에 많은 의회의원들에게 특정한 부서의 비상세화된 일에 대한 업적 주장은 가능하다. 그러므로 많은 하원의원들은 소위원회에서 의안진행을 저지하고, 위원회에서 의안개정을 하는 것에 대해 업적 주장을 할 수 있다.

3. 입장 천명

의회의원의 세 번째 행동은 입장 천명이라고 불리는데, 이것은 유권자에게 이익이 되는 것처럼 보이는 무엇인가에 대한 판단적 주장을 대중 앞에서 밝히는 것으로 정의된다. 그러한 진술은 주로 호명투표의 형식을 취한다. 그러한 판단적 주장의 가장 중요한 것은 그것들이 국가의 정치적 목표, 예로써 "전쟁은 즉시 끝나야 한다"는 주장이나, 또는 정치적 수단, 예로써 "전쟁을 위한 방법은 그것을 유엔에 맡기는 것이다"라는 주장을 규정한다는 점이다. 그러한 주장은 어떤 점에서 명백하기보다는 함축적이다. "나는 이 일에 대해 대통령을 지지한다"는 주장을 예로 들 수 있다. 그러나 그러한 판단은 누군가가 무엇을 해야 하는가 아니면 그것을 어떻게 해야 하는가에 대한 함축적이거나 명백한 진술의 범위를 벗어난다.

입장이 등록되는 방법은 다양하고 종종 상상적이다. 의회 본회의 연설에는 중요한 연설에서부터 대량으로 생산되는 "국민 일일 연설"까지가 있다. 주민들 앞에서 연설하고 TV에 출연하며 편지, 기자회견, 대필, 잡지기사, 또는 정치학자들과의 면담 등이 있다.

이상과 같이 의회의원들이 선거의 방향을 이루는 세 가지 행동이 있다. 즉 선전, 업적 주장, 입장 천명이 있다. 의회의원들이 세 가지 행동을 충분하게 실행할 수 있도록 여건이 매우 유리하게 갖추어져 있다. 두 가지 예를 들면 다음과 같다.

첫째, 의회의 기구는 재직 의회의원들의 선거에 필요한 것을 제대로 만족시킨다. 즉 세 가지 행동을 위해 충분한 기회와 자원을 제공한다.

둘째, 선거에 필요한 것을 충족시키기 위하여 의원들 사이에 제로섬 갈등이 거의 존재하지 않는다. 즉 의원들은 선거에 유익한 활동을 할 때, 다른 의원들이 그 활동을 성공적으로 할 수 있는 기회를 배제함 없이 할 수 있다.

III. 재선의 의지론에 대한 찬성론과 반대론

이상과 같이 메이휴는 의회의원을 재선의 의지를 지닌 자익 추구자로 규정하였다. 그리고 재선에 성공하기 위해 의회의원들은 선전, 업적 주장, 입장 천명이라는 행동을 수행한다. 이 세 가지 행동은 재선되는 데에 기여하게 된다.

재선의 의지론은 경제학적 배경하에서, 의회의원을 대상으로 만들어졌다. 그리고 미국의 의회의원의 행동을 사례로 활용하여 분석이 이루어졌다. 따라서 이 이론은 미국 의회의원의 행동을 설명하는 데에 있어 타당성과 설명력이 높은 것으로 판단된다.

재선의 의지론은 다소 편협해 보일 수 있다. 의회의원의 행동은 일반적으로 재선의 의지 이외에 훌륭한 정책을 만드는 등 공익 추구적인 측면이 있을 수 있기 때문이다. 하지만 의회의원의 의정 활동에 대해서 유권자가 정확하게 인지할 수 없는 상황하에서 또한 의회의원의 의정 활동의 정책효과가 본질적으로 불확실하여 정확하게 파악할 수 없는 상황하에서 의회의원은 재선을 위해 세 가지 활동에 의존하게 될 가능성은 커진다고 볼 수 있다.

즉 아놀드(Arnold, 1990: 44-51)에 따르면 유권자가 투표 시에 후보자의 재직 당시의 성과에 근거한 선택이 가능하려면 다음과 같이 세 가지 조건이 충족되어져야 한다. 첫째, 후보자가 정부의 행동을 도출하기 위해 기여했다는 사실이 가시적으로 나타나야 한다. 둘째, 정부의 행동이 특정한 정책을 야기했다는 사실이 분별 가능해야 한다. 셋째, 특정한 정책이 기대한 효과를 가져왔다는 사실이 인식 가능해야 한다. 이상 세 가지 조건이 갖추어 질 때에 후보자의 재직 당시의 성과가 판단될 수 있다.[2]

하지만 세 가지 조건을 갖추는 것은 쉽지 않다. 예를 들어 소득세율 인상, 부동산 가격 폭등, 황사현상 심화, 비정규직 증가 등과 같은 경우는 인식이 가능하지만, 반면 식료품 가격의 미미한 인상, 수돗물 청정도의 미세한 변화 등의 경우는 인식이 불가능하다. 또한 정부의 행동에 있어 정책이 의회 내에서 법안으로 심의되어 표결과정을 거친 경우에는 분별이 가능하지만, 반면 정책이 의회 의제로 상정되지 않아

---

[2] 구체적으로 말하자면 의회의원에 대한 유권자의 투표방식은 네 가지로 구분된다. 우선 회고 투표방식(retrospective voting rules)과 예상 투표방식(prospective voting rules)으로 구분한다. 그리고 회고 투표방식은 정당 성과 투표방식(party performance rule)과 재직자 성과 투표방식(incumbent performance rule)으로 나뉘며, 예상 투표방식은 정당 입장 투표방식(party position rule)과 후보자 입장 투표방식(candidate position rule)으로 나뉜다. 여기에서 재직자 성과 투표방식에 의해 유권자가 투표를 할 경우, 위에서 언급된 세 가지 조건을 충족된 경우에 올바른 투표가 가능하다. 즉 가시적 개인의 기여(visible individual contributions), 분별 가능한 정부의 행동(identifiable governmental actions), 인식 가능한 정책의 효과(perceptible policy effects)가 갖추어져야 한다. 그리하여 정책의 효과가 개인의 기여에서 기인하였다는 정책 효과의 추적가능성(traceability)이 존재해야만 한다.

법안절차 없이 무의사결정인 상태로 지속되는 경우에는 분별이 불가능하다. 나아가 개인의 기여에 있어 의회 내에서 기명투표의 경우에는 가시적이지만, 반면 무기명투표인 경우에는 가시적이지 않다.

달리 말해 현실적으로 세 가지 조건을 충족하기는 쉽지 않다. 따라서 유권자가 후보자의 재직 당시의 성과를 판단하는 것은 쉽지 않다는 의미이다. 이러한 상황에서 후보자들은 재선을 위해 유권자를 위한 헌신적인 활동보다는 메이휴가 주장하는 상기된 의회의원의 세 가지 활동을 보다 많이 활용하게 될 것이다.

더욱이 한국의 경우에 재선이 정당의 공천에 따라 결정되는 경우에 의회의원의 소신있는 합리적 활동은 기대하기 어렵다. 결과적으로 상기된 세 가지 활동에 치중할 개연성이 커진다고 볼 수 있다.

예를 들어 전용주(2005)는 한국의 정당 공천제도의 민주성을 평가하고 있다. 그는 서구 정치학자들의 다양한 모델을 검토한 뒤, 라하트(Rahat)와 하잔(Hazan)이 제시한 공천제도 분류 모델을 평가기준으로 채택하였다. 라하트와 하잔은 정당후보 자격의 포괄성, 후보 선출자 자격의 포괄성, 공천방식의 지역적 분권화 정도, 그리고 선발 방식 등 네 가지 기준을 적용하여 공천방식을 분류할 수 있으며, 이를 통해 특정 정당의 후보선출과정이 얼마나 민주적인가를 판단할 수 있다고 주장하였다. 즉 정당후보 자격이나 후보 선출자 자격이 폐쇄적이기보다는 포괄적일수록, 공천의 주체가 중앙당보다는 지역 및 지방단위로 내려갈수록, 선발 방식이 임명보다는 투표에 의해 이루어질수록 보다 민주적 성향을 띠게 된다는 것이다.

나아가 그는 이 모델을 한국에 적용하여 분석하였다. 분석 결과에 따르면 한국의 공천제도는 아직 완전히 민주적이라고 평가하기는 어렵다. 먼저 선발방식에 있어서 경선제도가 도입되어 투표를 통한 후보 결정방식이 나타나기는 하였으나 하향식 공천방식이 주를 이루고 있다. 그리고 중앙당의 공천심사기구가 경선에 참여하고자 하는 후보들을 우선적으로 선별하여 경선에 참여하도록 하며 또한 경선결과도 중앙당의 심사에 의해 최종적으로 뒤집힐 가능성이 존재하기 때문에 후보 선출자 자격이 완전히 개방되어 있다거나 공천과정이 완전히 분권화되어 있다고 주장하기도 어렵다. 결국 상향식 공천방식이 도입되기는 하였지만 한국의 공천제도를 민주적으로 변화되었다고 판단하기 어렵다.

이상의 결과를 종합해 보자면 한국의 의회의원은 재선을 목표로 선전, 업적 주장, 입장 천명 등 세 가지 행동을 수행하게 될 가능성이 크다. 왜냐하면 첫째, 한국을 포함해서 어느 국가의 의회에서든지, 정책의 효과가 개인의 기여에서 기인하였다는 정책효과의 추적 가능성이 희박해서 유권자가 의원의 재직당시 성과를 평가하기가 쉽지 않기 때문이다. 둘째, 한국의 경우에 의회의원에 대한 공천이 자유경선 방식이 아닌 실제적인 정당공천 방식에 의존하여 이루어지고 있기 때문에, 의원들은 유권자의 평가 보다는 정당의 판단에 보다 더 관심을 기울이게 될 것이기 때문이다.

하지만 반대의 주장도 있다. 즉 의회의원이 재선을 위한 상기된 세 가지 행동 대신 유권자를 위해 보다 책임있는 행동을 하게 된다고 주장해 볼 수 있다. 이러한 주장은 다음과 같은 세 가지 이유에 근거한다.

첫째, 의회 내에서 전자투표 방식이 표결을 위해 자주 사용되고, 방송매체에 의해 의회의 상황에 방영됨으로써, 의정활동이 보다 투명해지고 있다.[3] 둘째, 시민단체가 주도하는 매니페스토 운동 등에 의해

의정활동에 대한 평가가 가시화되고 있다.4) 셋째, 의회의원에 대한 공

---

3) 전자투표란 국회 내 표결방법이다. 한국에서는 2000년 16대 국회부터 표결 원칙
   으로 사용되어 왔다. 표결 결과가 의원 개인별로 회의장 벽면이나 전광판에 나
   타나는 표결방법으로서 신속성, 정확성 등 많은 장점을 지닌다.
   세계 각국의 의회에서 사용되고 있는 일곱 가지 표결방법을 열거하면 다음과
   같다. ① 목소리 표결(Voice Vote)과 이의유무 표결: 이 두 가지 표결방법은
   사회자가 판단해 볼 때에 이의가 없거나 전원일치가 예상되는 안건의 최초 표결
   시에 흔히 사용되는 방법이다. 목소리표결은 사회자가 먼저 찬성하는 의원은
   "예"라고 하시오라고 한 다음 그 소리의 크기를 듣고 난 후 반대하는 의원은
   "아니오"라고 하시오라고 한 후 다시 그 소리를 들어 찬반 의원들의 응답성량을
   비교하여 가부를 정하는 방법이다. 이의유무 표결은 사회자가 "―안건에 대해
   이의가 없습니까?"라고 물어보고 의석에서 "없습니다"라고 하면 가결된 것을 선
   포하는 방법이다. ② 거수표결(Show of Hands): 찬성 또는 반대의원을 차례로
   거수토록 하여 그 수를 계산하는 표결방법이다. ③ 기립표결(Standing and
   Sitting): 찬성 또는 반대의원을 차례로 기립토록 하여 그 수를 계산하는 표결방
   법으로써 거수표결과 비슷하나 더 정확하다는 장점이 있다. ④ 호명표결(Roll-
   Call Vote) 사회자 또는 사회자를 대신한 의사관이 의원의 성명을 일일이 호명
   하고 의원이 찬성 또는 반대, 기권 등으로 답을 하게 되면 이를 기록하여 계산하
   는 방법이다. ⑤ 분열표결(Division): 회의장에서 찬반 의원들이 갈라서서 행렬
   을 지어 가부표시를 하는 표결방법이다. ⑥ 전자투표장치(Electronic Voting
   Machine): 이 방법은 표결용도로 특별하게 제작된 전자투표기를 통하여 가부표
   시를 하는 표결방법이다. 의원별 표결내용이 회의장 벽면이나 전광판에 즉시 나
   타남으로써 그 결과가 신속히 복사되어 회의록에 게재될 수 있다. 전자표결방식
   의 장점은 신속성, 정확성, 시간절약, 분쟁소지의 방지 등이다. ⑦ 투표용지
   (Voting Papers)에 의한 표결: 의원에게 투표용지를 배부하고 각 의원은 기표소
   에서 투표용지에 찬성 또는 반대를 기재하여 투표함에 투입토록 한 후 투표가
   종료된 후 이를 개봉, 계산하는 방식이다. 투표용지 표결에는 기명 투표와 무기
   명 투표 두 가지가 있다. 이 투표방식은 주로 의회에서의 선거나 임명동의와
   같이 인사안건을 처리하는 데 많이 사용되고 있다(박종흡, 1998: 226-230).
4) 매니페스토 운동이란 선거에서 후보자의 공약을 평가하는 운동이다. 1834년 영
   국 보수당 로버트 필 당수가 최초로 제시하였으나, 한국에서는 2006년 5월 31일
   지방선거에서 시작되었다. 2000년, 2004년 총선 때의 낙천낙선운동과는 달리

천이 현재는 정당공천 방식에 의존하고 있으나, 갈수록 자유경선 방식으로 변화함으로써, 의정활동에서 의원 개개인이 나타내는 실적에 대한 유권자들의 관심과 기대가 커져가고 있다.

건설적이고 긍정적인 방향에서 운동을 전개한다는 점에서 높은 평가를 받았다(오수길, 2006: 145, 149).

공약평가 방식은 다양하다. 스마트(SMART), 셀프(SELF), 파인(FINE) 방식을 예로 들 수 있다. 스마트는 구체성(Specific), 측정가능성(Measurable), 달성가능성(Achievable), 적절성(Relevant), 시간적 고려(Timed)를 평가지표로 삼는다. 셀프는 지속성(Sustainability), 자치력 강화(Empowerment), 지역성(Locality), 책임있는 후속조치(Following)를 평가지표로 삼는다. 파인은 실현성(Feasibility), 반응성(Interactiveness), 효율성(Efficiency)을 평가지표로 삼는다(김영래, 2007: 297-298).

매니페스토 운동의 효과에 대해 연구결과는 양면적이기는 하나 다소 긍정적인 면이 나타난다. 한 연구에 따르면 19대 국회의원 선거에서 매니페스토 운동에 대한 유권자의 인지도는 낮다. 즉 유권자 10명 중에서 7명 이상이 이 운동에 대해 모른다고 응답하였다. 반면 매니페스토 운동에 대해 알고 있는 유권자들은 이 운동을 통해 얻은 정보를 투표 선택에 적극적으로 활용하였던 것으로 나타났다(정회옥, 2012: 125, 150).

다른 한 연구에서는 2006년 한국 지방선거에서 매니페스토 평가점수가 득표율에 미친 영향을 분석하였다. 분석결과 스마트 방식은 득표와 당락에 영향력이 없는 것으로 나타났으나, 파인 방식은 득표와 당락에 영향력이 있는 것으로 나타났다. 상반된 결과이지만 매니페스토 운동이 갖는 정책선거의 실현기제로서의 가능성이 입증되고 있다고 판단된다(서재영·권영주, 2008: 50).

▌ 참고문헌 ▌

김영래. 2007. "한국의 매니페스토 운동과 지방선거에 대한 영향 평가 연구."
『한국동북아논총』, 45.

박종흡. 1998. 『의회행정론』. 법문사.

서재영·권영주. 2008. "매니페스토 평가점수가 득표율에 미친 영향."『한국
지방자치학회보』, 20(1).

오수길. 2006. "5·31 매니페스토 운동의 의의와 시민운동의 전망."『시민사
회와 NGO』, 14(2).

전용주. 2005. "후보 공천 과정의 민주화와 그 정치적 결과에 관한 연구: 제
17대 국회의원 선거를 중심으로."『한국정치학회보』, 39(2).

정회옥. 2012. "19대 총선에서 나타난 매니페스토 정책선거의 현실과 한계."
『한국정당학회보』, 11(2).

Arnold, R. Douglas. 1990. *The Logic of Congressional Action*. New
Haven and London: Yale University Press.

Fenno, Jr., Richard F. 1973. *Congressmen in Committees*. Boston: Little,
Brown and Company.

Mayhew, David. 1987. "The Electoral Connection and Congress." In
Mathew D. McCubbins and Terry Sullivan, eds. *Congress: Structure
and Policy*. New York: Cambridge University Press.

제**5**장

공직자는 정책결정과정에서
무엇을 위해 행동하는가

공직자는 정책결정과정에서
무엇을 위해 행동하는가

I. 개요

정부조직개편의 결정과정은 어떠한 과정인가? 사회문제 해결을 위한 가장 적합한 구조와 기능을 선택하는 과정인가? 아니면 다수의 정치세력들이 참여하여 각자의 선호 또는 이해를 반영하여 이루어지는 과정인가?

모어(Moe, 1989)는 후자의 입장에서 정부조직 개편과정을 분석하였다. 그에 따르면 정부조직개편은 미국의 경우 대통령, 의회의원 및 이익집단이 정치세력으로 참여하여 이들의 이해를 반영하여 이루어지게 된다.

이러한 제도선택이론에 대해 찬성론과 수정론이 있다. 일부의 찬성론은 사례연구를 통해 이루어졌고, 일부의 찬성론은 체계적으로 이루어졌다. 그리고 수정론은 한국의 상황에 기존의 이론을 적용하여 만들어지고 있다. 본 장에서는 이러한 이론들의 내용, 상호관계 및 전개과정을 설명하고자 한다.

II. 제도선택이론[1]

미국의 정부조직개편 결정과정은 조직의 종류에 따라 다양하다. 사회규제조직 개편 결정과정에서는 이익집단, 의회의원, 대통령이 참여하여, 갈등과 타협을 통해 결정을 이루어낸다. 1970년대 초반 닉슨 대통령 당시 있었던 사회규제조직 개편결정과정을 소개하면 다음과 같다.[2]

---

1) Terry M. Moe, "The Politics of Bureaucratic Structure," in John E. Chubb and Paul E. Peterson, eds., *Can the Government Govern?* (Washington, D.C.: The Brookings Institution, 1989).

2) 당시 사회규제조직의 예로써 소비자상품안전위원회, 산업안전보건국, 환경보호청을 들 수 있다. 각 조직은 소비자상품안전, 근로자산업재해, 환경오염 등 사회문제를 해결하기 위해 기업을 규제하는 역할을 담당하였다. 따라서 이익집단에 해당하는 소비자집단, 노조, 환경단체 등은 이 세 가지 조직의 기능이 강화되는 것을 원했고, 반면 기업은 이 세 가지 조직의 기능이 약화되는 것을 원했다. 사회규제조직 개편은 이러한 이익집단들의 이해관계로부터 시작되었다.

1. 이익집단의 입장

이익집단은 주도집단과 반대집단으로 구분된다. 두 집단은 모두 자기가 통제하기가 수월한 형태의 조직개편을 원한다.

그런데 입법과정에서 이익집단은 정치적 불확실성이라는 상황하에 놓이게 된다. 정권교체가 빈번하여 주도집단이 반대집단의 입장에 놓일 경우에도 예상해야 한다는 의미이다. 따라서 주도집단은 행정조직이 정권교체 후 반대집단에 의해 유린되는 것을 예방하기 위해 행정업무를 보다 세부적인 규정으로 명시하게 된다.

또한 입법과정에서 이익집단은 정치적 타협이라는 상황하에 놓이게 된다. 주도집단이 자신의 의견을 입법화하기 위해서는 반대집단의 의견도 일부 수용해야 한다는 의미이다. 따라서 반대집단은 이를 예상하고 신설될 조직에 정치적으로 접근하기 위해 의회의 통제권을 강화하는 등의 규정을 추가하게 된다.

2. 의회의원의 입장

의회의원들은 도관의 역할을 수행하게 된다. 도관의 역할이란 즉 통과절차의 역할이라는 개념으로서, 의회의원들의 재선의 의지로부터 야기된다. 의회의원은 이익집단의 요구를 어떻게 처리하느냐에 따라 이익집단으로부터 평가가 내려진다. 따라서 의회의원들은 이익집단의 요구에 반응하게 된다. 의회의원들은 불확실한 상황하에서 이익집단의 요구를 판단하는 것보다는 그대로 수용하는 것이 안전하다고 생각

한다.

3. 대통령의 입장

대통령의 입장은 다르다. 통치는 대통령 행동의 추진력이다. 모든 대통령은 정당에 상관없이 효과적으로 통치하는 것을 기대하고 있으며 사회가 직면한 모든 범위의 문제에 대한 행동에 대해 책임을 진다. 역사적으로 볼 때, 성공적이라고 평가받으려면 그들이 강력한 지도자임을 보여야 한다. 대통령은 정책을 주도해야 한다. 따라서 대통령은 자신의 행정부처 내에 기관을 설치하고 계층적 권위하에 종속시키고 싶어 한다.

4. 의회의원, 대통령 및 이익집단의 상호관계

대통령과 의회의원은 구조 선택의 정치에 있어 매우 다른 태도를 갖는다. 이익집단은 처음부터 거래하기에 편안한 장소로 의회를 찾게 된다. 의회는 이익집단의 요구에 반응한다. 따라서 의회는 응집력 있는 전체로 기능하지 않는 "의회 관료제"를 제안한다. 대통령은 중앙통제적인 관료제를 의미하는 "대통령 관료제"를 원한다. 결과적으로 대통령 관료제와 의회 관료제는 양립하지 않는다.

5. 관료제의 반응

이렇듯 정치세력들이 상호작용하는 불확실한 상황하에서 관료는 두 가지 전략을 선택할 수 있다. 첫째, 연계 전략을 추진한다. 정부기관의 요구를 정치적으로 지지해주는 이익집단 및 정치인들과 상호 우호적인 관계를 조성하는 것이다.

둘째, 고립 전략을 추진한다. 불확실한 환경 속에서 불확실성의 회피라는 보완적인 전략에 의존하게 된다. 의사결정 과정을 보다 정형화하고 법제화하여 자신을 외부 환경으로부터 차단하기 위해 노력한다.

6. 조직개편 결정 과정의 특징

각 정부조직에 대해 주도집단, 반대집단 그리고 대통령이 원하는 모습은 다르다. 주도집단은 자신이 통제하기 쉬운 조직을, 반대집단은 자신이 방해하기 쉬운 조직을, 대통령은 자신의 통제하에 속한 조직이 되기를 원한다.

이 과정에서 주도집단은 정치적으로 불확실한 미래에 개편될 조직을 자신의 영향하에 두기 위해서 이를 세부적 규정으로 보호하려는 조치를 추가한다. 이 규정은 주로 규제를 위한 규정제정에 대한 공표의무, 규정제정·집행의 절차 및 시한준수에 관한 의무, 주도집단의 탄원에 대한 응답의무, 응답지연에 대한 주도집단의 제소절차 등을 주요내용으로 한다.

조직개편에 관한 의견차이로 인해 세 정치세력은 대립한다. 결과적으로는 타협에 의해 최종안이 도출되었는데, 최종안은 다수 의견을 반영하여 만들어진다. 한마디로 개편된 정부조직은 주도집단과 반대집단이 원하는 의견을 동시에 반영하게 된다. 통제하기 쉬운 조직의 특성과 방해받기 쉬운 조직의 특성을 동시에 포함하게 된다.[3]

즉, 주도집단의 보호전략에 의해 실무자의 행동을 제약하려는 세부적 규정이 추가되고, 반대집단의 방해전략에 의해 조직에 대한 반대집단의 정치적 접근을 허용하는 규정도 추가된다. 게다가 대통령은 조직 개편 후에도 자신의 통제하에 조직을 두기 위해 이를 폐지하거나 재개편하거나 또는 운영을 제약하는 조치를 취한다. 결과적으로 이러한 정치세력들의 영향하에서 응집력 있는 조직 대신에 산만한 조직이 출현하게 된다.

7. 소비자상품안전위원회

1971년 소비자상품안전을 위한 기구를 신설하기 위한 논의가 시작되었다. 소비자집단은 강한 기구를, 기업집단은 약한 기구를 원했는

---

3) 소비자상품위원회는 독립위원회로서 위원들이 임기를 보장받는 강한 기구였지만, 위원회 임기를 3년마다 의회승인하에 갱신케 함으로써 권한이 약화되었다. 산업안전보건국은 노동부 내에 설치되어 노동부장관이 규정 제정권을 갖게 됨으로써 강한 특성을 지녔지만, 규정 집행권을 포함한 여타 권한을 독립된 위원회, 주정부 및 보건교육복지부에 분리하여 부여함으로써 약한 특성을 동시에 지니게 되었다. 환경보호청은 독립위원회로서 발족하였지만, 규정제정 및 집행에 관한 권한을 주정부와 지방정부가 분담하여 보유하게 함으로써 강한 면모와 약한 면모를 동시에 보유하게 하였다.

데, 두 집단은 동시에 이 기구가 대통령 산하에 들지 않는 독립된 위원회로 자리 잡기를 원했다. 반면 닉슨 대통령은 이 기구가 대통령 산하의 보건교육복지부 내에 설치되기를 원했다.

1972년 상기된 두 집단의 의견을 반영하여 소비자상품안전위원회가 신설되었다. 우선 대통령 산하에 속하지 않는 독립위원회로 모습을 갖추었다. 이 위원회는 5인의 위원들이 7년 임기를 보장받는 강한 기구였지만, 위원회 임기를 3년마다 의회의 승인하에 연장케 함으로써 권한이 약화되었다.

하지만 소비자집단은 정치적으로 불확실한 상황 속에서 이 위원회가 언젠가 자신의 통제를 벗어날 것을 우려하였다. 따라서 소비자집단의 접근을 확보해 놓기 위해 위원회 실무자의 재량행위를 제약하는 세부적 운영규정을 추가하게 되었다.[4]

1975년 위원회 임기를 의회 승인하에 갱신하는 기회가 도래하였다. 이 기회를 이용하여 두 집단은 각자가 원하는 개편안을 제시하였다. 소비자집단은 위원회를 강화시키기 위하여 위원회 업무에 대한 법무부의 간섭을 배제하고, 위원회 고위공직자에 대한 백악관의 임명을 중단하는 방안을 제출하였다. 기업집단은 위원회를 약화시키기 위하여 위원회 규정제정 과정을 의회의 거부권행사를 통해 보다 어렵게 만드는 방안을 제시하였다. 결과적으로 의원들은 이 두 집단의 방안을 대

---

4) 세부적 운영규정은 다음과 같다. ① 상품안전기준에 관한 규정제정과 관련하여 소비자집단의 탄원이 있게 되면 위원회는 120일 내에 의무적으로 응답하여야 한다. ② 상품안전기준에 관한 규정은 위원회 자체가 제정할 수도 있지만, 소비자집단의 탄원에 의해서도 제정 가능하다. ③ 상품안전기준에 관한 규정을 위원회가 집행하지 않을 경우, 소비자집단은 법원에 제소하여 집행을 촉구할 수 있다.

변하여 서로 대립하게 되었고, 결국 절충과정을 통해 최종안이 도출되었는데, 위원회가 제정한 규정을 채택 30일전에 의회에 보고하도록 하는 것을 내용으로 하고 있다.

이상에서와 같이 소비자상품위원회의 개편은 의회 내 이익집단의 주도하에 이루어져 왔다. 이에 대해 대통령들은 불만을 갖게 되었고 위원회를 폐지할 것을 결심하였다. 하지만 폐지가 쉽지 않자 자신의 의지에 따라 위원회 구조를 개편하거나 위원회 운영을 제약하기 위한 조치에 착수하였다. 포드 대통령은 위원회의 예산을 전년도 수준 이하로 삭감하였다. 카터 대통령은 1978년 의회가 위원회 임기를 갱신하는 시기가 도래하자, 대통령이 위원회 위원장을 고정임기 내에 교체할 수 있는 권한을 갖도록 제안하였다. 하지만 이 제안은 의회에서 부결되었다. 레이건 대통령은 1981년 위원회 임기를 갱신하는 시기에, 위원회의 소속을 상무부 산하로 바꾸면서 동시에 위원회 예산을 30퍼센트 삭감할 것을 제의하였으나, 이 제의도 의회에서 부결되었다.

뒤이어 1981년 의회 내에서 소비자집단과 기업집단이 다시 대립하게 되었고, 두 집단의 의견이 절충되는 과정에서 소비자집단에게 다소 불리한 방향으로 위원회 개편안이 채택되었다. 즉 위원회가 제정하는 모든 규정이 의회의 거부권 대상이 되게 하였고, 또한 규정 제정시 위원회의 권한보다는 기업의 권한을 보다 많이 반영하게 하였다.

III. 제도선택이론에 대한 찬성론과 수정론

이상과 같이 모어는 미국의 사회규제조직 개편과정을 자익 추구적인 정치세력들의 선택하에서 설명하고 있다. 구체적으로 분권적 정치체제하에서 이익집단, 의회의원, 대통령이 대립과 갈등을 벌이게 되어 정치적 타협을 통해 결정이 이루어진다. 결과적으로 다수의 의견을 반영한 분점된 조직이, 아울러 각자의 이익을 위한 보호하기 위해 규정을 추가하다 보니 적체된 조직이 출현하게 된다.

제도선택이론은 경제학적·정치학적 배경하에서, 전체 공직자를 대상으로 만들어졌다. 그리고 미국의 사회규제조직개편 결정과정 사례를 활용하여 분석이 이루어졌다. 따라서 이 이론은 미국의 일부 행정조직개편을 설명하는 데에 있어서는 타당성과 설명력이 높은 것으로 판단된다.

이렇듯 제도선택이론은 정부조직개편을 정치과정적 차원에서 접근하고 있다. 전통적으로 다수의 연구들이 정부조직개편을 환경 변화적 차원에서 접근해 오고 있는 점을 고려하면, 제도선택이론은 정부조직개편 연구에 새로운 접근법을 추가함으로써 크게 기여하고 있다고 여겨진다. 정부조직개편에 대한 정치과정적 접근은 제도선택이론 이전에도 여러 연구에 의해 시도되었다.

예를 들어 워윅(Warwick, 1975)은 미국 국무성 조직개편의 실패사례를 정치적 저항과 관련시켜 설명한 바 있다. 그에 따르면 1965년 국무성내 계층은 대폭 축소되었지만 수년 후에 계층은 상당 부분 다시 늘어나게 되었다. 계층의 숫자가 복원된 것은 의원들의 저항, 경력직 관료들의 저항에 주로 기인하는 것으로 나타났다.

자이드만과 길머(Seidman and Gilmour, 1986)는 미국 역사 속에서 정부조직 개편현상을 고찰하고 있다. 그들에 따르면 정부조직은 경제성과 능률성의 원칙에 따라 개편되는 것이 아니라, 대통령, 의회, 법원 등과 같은 정치세력의 영향하에 이루어진다. 실제로 정부조직개편은 ① 이익집단이 정부지원 획득을 용이하게 하기 위해, ② 의회가 대통령의 권한을 견제하기 위해, ③ 대통령이 예산과 인력의 부담을 외부에 전가하기 위해, ④ 민감한 정치적 사안에 대한 책임을 분산시키기 위해 또는 ⑤ 국민에 대한 상징적인 조치로서 빈번하게 있어 왔다.

노트와 밀러(Knott and Miller, 1987)는 행정개혁기에 초점을 두어 미국 행정조직의 변천과정을 설명하고 있다. 그는 엽관주의 관료제가 19세기 행정개혁운동에 의해 실적주의 관료제로 교체되는 상황하에서 각종 제도가 이를 둘러싼 참여자들 간의 대립과 갈등 속에서 변모되어가는 과정을 분석하고 있다. 이 과정에서 시정관리관제도, 독립규제위원회 및 수차례의 행정조직개편은 행정에 대한 정당의 간섭을 약화시키고 행정전문가의 역할을 강화시키려는 개혁가들의 선호가 반영된 결과로서 나타나게 된다.

상기된 연구들은 특정한 이론에 기반을 두고 이루어지지 않았다. 반면 뒤이어 나타난 모어의 연구는 제도선택이론을 바탕으로 수행되었다. 이 과정에서 모어는 자신의 연구에, 주인대리인 이론과 행정관료의 순응 논리를 절충하여 만든 제도선택이론을 적용함으로써 제도선택이론의 타당성을 추가적으로 입증하였다.

모어와 칼드웰(Moe and Caldwell, 1994)은 미국을 대상으로 개발된 제도선택이론을 영국에 적용하여 의원내각제 국가에 적합한 정부

조직개편 결정과정을 모색하였다. 그 결과 영국의 정부조직개편 결정과정은 미국의 그것과 큰 차이를 보이고 있음을 알게 되었다. 영국의 경우 의원내각제를 채택하고 있어 정치체제의 차원에서 대통령중심제 국가인 미국과 다르기 때문이다. 영국의 정부조직개편 결정과정은 다음과 같다.

우선 정부조직개편에 관한 결정은 내각, 집권정당 및 반대정당에 의해 이루어진다. 이익집단은 존재하지만 영향력이 미약하므로 주요 참여자가 되지 못한다. 대신 정부조직개편에 관한 결정은 내각과 의회의 공조 하에 수월하게 이루어진다. 내각은 의회 내에서 다수의석을 점유하는 다수정당에 의해 구성되므로 내각이 원하는 결정은 집권정당의 협조 하에 수월하게 채택되며, 의회 내에서도 반대정당의 커다란 저항과 반발 없이 승인된다. 정당 간의 타협은 나타나지 않는다.

모어의 제도선택이론을 한국에 그대로 적용하기에는 무리가 있다. 한국의 정부조직 개편에 관한 결정은 정부와 집권정당이 협조하고 이에 대해 반대정당이 순응하거나 대립하면서 이루어졌던 것으로 나타나 미국과 많은 차이점을 보이기 때문이다. 이러한 조직개편 결정과정의 차이는 권력구조의 특성에 기인하는 것으로 판단된다. 즉 한국의 경우 집권적인 권력구조하에서 정권유지 또는 정권교체를 원하는 대통령, 집권정당 및 반대정당 간의 상호작용 속에서 결정과정이 진행되어 왔던 반면 미국은 분권화된 권력구조하에서 이익집단 간 이해관계를 둘러싼 갈등 속에서 결정이 이루어져 왔기 때문이다.

저자(2003: 85-96)는 구체적으로 한국의 사회규제조직의 개편 결정과정과 미국의 사회규제조직의 개편 결정과정을 비교분석하였다. 한국의 사회규제조직은 소비자보호원, 산업안전공단 그리고 환경부를 의미하는데, 이들은 미국의 사회규제조직에 해당하는 소비자상품안전위원회, 산업안전보건국, 환경보호청에 상응하는 조직들이다. 앞서 모어의 사례연구에 따르자면 미국 내 사회규제 조직개편에 관한 결정은 자익 추구적인 정치세력들의 선택하에 이루어진다. 그리고 이에 관한 결정은 이익집단, 의회의원, 그리고 대통령 간의 갈등과 타협의 과정을 통해서 이루어진다.

비교분석 결과 한국의 사회규제조직 개편에 관한 결정과정은 앞서 살펴보았던 한국의 일반적인 정부조직 개편에 관한 결정 과정과 동일한 것으로 나타났다. 한국의 경우 사회규제조직 개편에 관한 결정은 정부와 집권정당이 협조하고 이에 대해 반대정당이 순응하거나 대립하면서 이루어졌던 것으로 나타나 미국과 많은 차이점을 보였다. 이러한 조직개편 결정과정의 차이는 권력구조의 특성에 기인하는 것으로 판단하였다. 결과적으로 제도선택이론을 그대로 한국에 적용할 수는 없다. 대신 정부조직개편에 관한 결정은 자익 추구적인 정치세력의 역학관계 속에서 이루어진다는 제도선택의 기본적인 시각을 한국의 상황에 맞게 수정하여 적용할 경우, 한국을 위한 제도선택이론이 얻어질 수 있다고 여겨진다.

▌ 참고문헌 ▌

박대식. 2003. "사회규제조직개편 결정과정에 관한 비교분석: 미국과 한국을 중심으로." 『한국정책학회보』, 12(4).

Knott, Jack H., and Gary J. Miller. 1987. *Reforming Bureaucracy*. Englewood Cliffs, New Jersey: Prentice-Hall, Inc.

Moe, Terry M. 1989. "The Politics of Bureaucratic Structure." In John E. Chubb and Paul E. Peterson. *Can the Government Govern?* Washington, D.C.: The Brookings Institution.

Moe, Terry M., and Michael Caldwell. 1994. "The Institutional Foundations of Democratic Government." *Journal of Institutional and Theoretical Economics(JITE)*, 150(1).

Seidman, Harold, and Robert Gilmour. 1986. *Politics, Position, and Power*. New York: Oxford University Press.

Warwick, Donald P. 1975. *A Theory of Public Bureaucracy*. Cambridge: Harvard University Press.

제**6**장

행정기관은 행정업무 수행 시
무엇을 위해 행동하는가

제6장

행정기관은 행정업무 수행 시
무엇을 위해 행동하는가

Ⅰ. 개요

행정기관은 어떠한 존재인가? 막스 웨버적 시각에서 행정기관은 수
동적이며 최고관리자의 지시에 따라 기관의 목표달성을 위해서 움직
이는 헌신적인 존재이다. 반면 다원적 시각에서 행정기관은 능동적이며
자신의 생존을 위해 환경변화에 따라 유연하게 활동하는 존재이다.

두 가지 시각 중에서 어느 것이 보다 타당한지 논의하기는 쉽지 않
다. 행정기관을 보는 측면에 따라 판단이 달라질 수 있기 때문이다.
현실적인 차원에서 보면 두 가지 시각 이외에 행정기관을 보는 또 다
른 시각이 있을 수 있다.

루우크(Rourke, 1984)는 행정기관을 권력 추구자로 정의하였다. 그

리고 권력 추구의 동기는 복합적인 것으로, 전체 기관목표를 달성하기 위한 공익 실현에 있을 수도 있고 동시에 관료개인을 위한 자익 추구에도 있을 수 있는 것으로 판단하였다.

이러한 행정관료 권력 추구론에 대해 수정론이 있다. 수정론은 한국의 상황에 기존의 이론을 적용하여 만들어지고 있다. 본 장에서는 이러한 이론들의 내용, 상호관계 및 전개과정을 설명하고자 한다.

II. 행정기관 권력 추구론[1]

1. 관료의 전문성

제2차 세계대전 전에는 미국대외정책은 전문적 외교관이 주도하는 분야였다. 그러나 전쟁의 발발에 따라 군인이 대외정책의 결정에 잠시 영향력을 발휘하였으나, 전쟁 이후에는 외교관들이 정책결정에 영향력을 행사해 왔다.

제2차 세계대전 이래 자연과학자들은 대중으로부터 존경을 받아왔고 높은 위상을 유지해왔다. 이 위상은 일반대중이 과학에 대해 가지는 경외심에 기반을 둔다. 핵무기의 개발과 우주탐험과 질병의 정복

---

1) Francis E. Rourke, "Differentials in Agency Power," in *Bureaucracy, Politics, and Public Policy* (Boston: Little, Brown and Company, 1984).

등과 같은 업적을 거두었다.

사회과학자들 중에서 단지 경제학자들만이 최근에 공공정책의 형성에서 그들의 전문기술이 영향력을 발휘함으로써 명예와 높은 위상을 이루어왔다. 그들의 역할은 경제적 수익과 물가 통제와 실업의 경감과 같은 업무에서 두드러진다.

행정통제의 분야는 변호사에 의해 오래 지배되었고 경제학자들이 매우 유력하게 활동해 온 다른 영역이다. 규제기관의 성과를 향상시키기 위한 최근의 노력들은 규칙이 수행해 온 과정을 우려하는 것으로부터 결과를 강조하는 것으로 변화해왔다.

2. 행정 구민

기관 권력의 차이는 기관의 서비스를 제공받는 행정 구민의 규모와 행정 구민의 지리적 분산의 정도에 의존하고 있다고 주장할 수 있다. 미국의 수자원 정책에 대해서 공병단과 간척사업 사무국의 상대적인 영향력을 비교하면서 이러한 주장이 입증되고 있다.

일반적으로 기관은 구성원의 규모가 감소함에 따라서 기관에게 효과적인 지지를 제공하는 능력은 감소할 것이라고 예상된다. 하지만 규모가 감소하는 동시에 기관에 대한 헌신의 정도는 커질 수 있다. 따라서 행정 구민의 규모, 지리적 분산, 그리고 헌신의 정도가 모두 기관의 권력에 영향을 미칠 수 있다.

3. 조직의 활력

평화봉사단은 신생국의 인적자원을 훈련시키기 위해서 1961년 설립되었는데, 유능한 남녀들이 보수가 빈약하고 여건이 불편하고 때로는 위험함에도 불구하고 여러 분야에서 평화봉사단으로 모여들었다. 평화봉사단은 신생국을 지원한다는 숭고한 목표를 지닌 기관으로서 외부인의 관심을 일으키고 구성원들에게 사명감을 고취시켜 높은 성과를 가져온 성공적인 사례이다. 이런 종류의 매력을 가진 공공기관으로서 다른 예가 있다. 해병대와 특수부대인 그린베레도 조직에 대한 구성원들의 열정과 헌신에 의해 많은 성과를 거두었다. 근래에 일부 국토보존 기관들은 산림, 토양, 자연의 아름다움 또는 역사적 기념물 등의 가치를 강조함으로써 기관 구성원들에게 초자연적인 사명감을 고취시키고 있다.

4. 기관장의 리더십

공공관료제에서 리더십의 기술은 외부의 지원을 확보하고 내부의 관리를 효율적으로 하는 데에 있다. 즉 ① 외적으로 정부가 의존하는 자원을 통제하는 외부 집단과 외부 조직으로부터 자체 부서에 대한 호의적인 지원과 반응을 확보하고, ② 내적으로 부서원의 사기와 그들의 목표에 대한 경쟁을 촉진시키는 것을 의미한다.

5. 기관 권력 추구의 동기

기관의 권력 추구의 동기는 두 가지로 구분된다. 우선 기관 권력 추구의 동기는 현재적 목표(manifest goal)의 달성에 있을 수 있다. 예를 들어 의료보험 관리, 범죄통제체제 관리, 수질오염 방지와 같은 기관의 본래 목표를 효과적으로 달성하기 위해 인적 자원과 예산이 충분하게 확보되어야 하고, 또한 이를 위해서 기관의 권력이 필요하기 때문이다.

반면 기관 권력 추구의 동기는 잠재적 목표(latent goal)의 달성에 있을 수 있다. 예를 들어 관리자들은 개인적 욕구 충족과 승진을 위한 수단으로서 권력에 대한 소망을 가질 수 있다. 또한 일반직원들은 봉급, 연금, 근무조건, 부가급여 등을 지속적으로 보장받기 위해서 권력이 필요할 것이다.

권력을 향한 이러한 두 가지 동기들은 필연적으로 상충되는 것은 아니다. 자신의 경력을 발전시킬 뜀틀로 사용하는 기관을, 공적인 서비스를 위한 능력을 성취하는 새로운 수준으로 도약시킬 수 있는 기관으로, 야망 있는 지도자에 의해 이끌릴 때에, 기관은 공익에 대한 최대한의 서비스를 제공하게 된다고 판단해 볼 수 있다.

그러나 예외적인 경우도 있다. 기관 구성원들의 개인적인 목표가 조직 창설 당시의 본연의 목표를 넘어서서 이를 능가하기도 한다. 공공기관들은 권력이 조직 구성원들의 이기적인 이익을 위해 사용되어질 때에도 공적 서비스 향상과 같은 명분을 내세워 권력 추구를 정당화시키기도 한다.

III. 행정기관 권력 추구론에 대한 수정론

이상과 같이 루우크는 행정기관을 권력 추구자로 규정하였으며, 권력의 원천을 관료의 전문성, 행정 구민, 조직의 활기, 기관장의 리더십으로 설명하였다. 나아가 권력 추구의 동기를 공익 실현과 자익 실현으로 규명하였다.

루우크의 주장은 행정기관을 권력 추구자로 보았다는 점에서 독창적이다. 동시에 공익과 사익을 모두 추구하는 존재로 보아 절충적이다. 앞서 공직자를 공익 추구자로 규정한 켈만의 입장과 자익 추구자로 규정한 공공선택론자의 입장을 모두 수용하고 있기 때문이다.

행정기관 권력 추구론은 정치학적 배경하에서, 행정 기관을 대상으로 만들어졌다. 그리고 미국의 행정기관을 사례로 활용하여 분석이 이루어졌다. 따라서 이 이론은 미국 행정기관을 설명하는 데에 있어 타당성과 설명력이 있는 높은 것으로 판단된다.

행정기관 권력 추구론을 한국에 적용하기 위해서는 다소 수정이 필요하다. 미국의 관료제가 민주주의하에서 운영되고 있는데 반해, 한국의 현대 관료제는 권위주의 통치하에서 정착되었기 때문이다. 따라서 한국 관료제의 권력의 원천은 권위주의의 특성과 연관되어 있을 것으로 예상된다.

박천오(1997)의 연구에 따르면 한국 행정 부처의 권력의 원천은, 영향력 크기에 따라, ① 예산 및 인력규모, ② 대통령의 기관업무에 대한 관심과 지지, ③ 대통령의 기관장에 대한 신임과 총애, ④ 기관의 법적·공식적 권한(관할권 등), ⑤ 일반 국민들의 지지와 관심, ⑥ 기관장의 리더십 등의 순서대로 나타나고 있다.

결과적으로 한국의 경우에는 권위주의 영향하에서 ① 기관 자체의 권한과 ② 대통령과의 관계가 중요한 권력 원천으로 존재하고 있으며, 이외에 미국과 같은 민주적 체제에서도 존재하는 네 가지 권력 원천도 뒤이어 존재하고 있는 것으로 밝혀지고 있다. 따라서 현재 한국은 행정기관 권력의 원천에서 미국과 차이점과 유사점을 지니고 있다고 판단된다. 또한 미래에 예상되는 행정기관의 권력원천은 현재 진행되고 있는 민주화, 세계화, 정보화의 영향을 받을 것이며 더욱이 복지 및 환경 문제가 중요한 의제로 부각될 것으로 예상되어 이러한 변화로부터도 영향을 받을 것으로 예상된다. 실제로 상기 연구에서 응답자들은 미래 한국의 권력기관으로서 재정경제원, 통상산업부, 환경부, 정보통신부, 외무부, 보건복지부 등을 순서대로 들고 있기 때문이다.

오재록(2006)은 한국 행정 기관의 권력을 다른 시각에서 고찰하고 있다. 마이어(Meier)의 모형을 계승·발전시켜 관료제 권력이라는 추상적 개념을 다섯 가지 구성개념 즉 자원, 자율성, 네트워크, 잉여력, 잠재력으로 개념화하고 이를 가능한 측정변수와 측정지표로 조작화하여 관료제 권력의 측정모형을 제시하였다. 여기에서 자원은 인적 자원, 물적 자원, 조직 자원, 법적 자원을, 자율성은 예산 재량권과 입법 재량권을, 네트워크는 수직적 네트워크와 수평적 네트워크를, 잉여력은 기관권력의 비공식적 현시를, 잠재력은 보유 권한을 의미한다.

나아가 그(2011)는 이 모형에 이명박 정부의 41개 중앙행정부처를 적용하여 기관별 권력을 측정하고 비교하였다. 그 결과 권력지수가 상대적으로 가장 높은 부처는 기획재정부인 것으로 나타났고, 가장 낮은 부처는 농촌진흥청인 것으로 나타났다. 검찰청, 국방부, 국토해양부

등도 상대적으로 높은 권력지수를 보인 반면, 국가인권위원회, 기상청, 병무청 등은 상대적으로 낮은 권력지수를 보였다. 대체로 부 단위 기관들의 권력지수가 상대적으로 높았고 청 단위 기관들의 권력지수는 상대적으로 낮은 편이었지만, 일부 예외도 있었다.

상기된 박천오의 연구 결과와 오재록의 연구 결과를 비교해 보았다. 그 결과 흥미로운 사실을 발견할 수 있었다. 두 사람의 연구는 연구수행 시점과 기관비교 기준이 상이하다. 즉 전자의 연구는 1997년에, 반면 후자의 연구는 2011년에 수행되었다. 그리고 전자의 연구는 기관의 권력요인으로 기관 자체의 권한과 대통령과의 관계를 우선적으로 들었고, 반면 후자의 연구는 자원, 자율성, 네트워크, 잉여력, 잠재력을 들었다.

그런데 연구 결과는 유사한 점을 나타냈다. 즉 권력기관으로 선정된 부처가 서로 유사하게 나타났다. 전자는 상위 권력기관을 순서대로 재정경제원, 내무부, 법무부, 국방부, 총무처, 외무부, 통상산업부, 건설교통부를 들었다. 후자는 기획재정부, 국방부, 국토해양부, 교육과학기술부, 행정안전부, 지식경제부, 외교통상부, 보건복지부를 들었다.[2] 이러한 여덟 가지 상위 권력기관은 전자의 경우에 법무부를 제외하고, 후자의 경우에 교육과학기술부와 보건복지부를 제외하면, 나머지 기관은 서로 중복되어 나타난다.

한마디로 권력기관에 대한 전통적인 인식에 거의 변화가 없다고 판

---

2) 편의상 상위 권력기관을 여덟 개만 선정하였다. 이러한 순위는, 전자는 부와 처를 대상으로 20개 기관을, 후자는 부, 처, 청을 대상으로 41개 기관을 비교연구하였기 때문에, 후자의 경우에는 청 단위 부서를 제외한 결과이다.

단된다. 즉 기관자체의 권한과 대통령과의 관계도 여전히 권력의 크기
에 영향을 주고 있는 것으로 여겨진다. 반면 법무부의 순위가 낮아지
고 교육과학기술부와 보건복지부의 순위가 높아진 사례는 예외로 나
타나고 있어 점진적인 변화의 가능성도 나타낸다.

▌ 참고문헌 ▌

박천오. 1997. "한국 행정부처 간의 정치권력분포 실태와 가능성: 국가 관료
　　의 인식조사." 박천오·박경효 공저. 『한국관료제의 이해』. 법문사.

오재록. 2006. "관료제 권력: 개념화, 조작화 그리고 측정모형."『한국행정학
　　보』, 40(4).

_____. 2011. "정부부처의 권력 크기 분석: 이명박 정부의 41개 중앙행정기
　　관 실증연구."『한국행정연구』, 20(1).

Meier, Kenneth J. 1980. "Measuring Organizational Power: Resources
　　and Autonomy of Government Agencies." *Administration and
　　Society*, 12(3).

Rourke, Francis E. 1984. "Differentials in Agency Power." In *Bureau-
　　cracy, Politics, and Public Policy*. Boston: Little, Brown and
　　Company.

제7장
행정관료제는
단일체인가 분열체인가

행정관료제는
단일체인가 분열체인가

Ⅰ. 개요

행정관료제 정책과정은 어떠한가? 누가 정책과정에 참여하며, 참여자들 간의 관계는 어떠한가? 나아가 행정관료제 정책과정은 의회 정책과정에 비해 어떠한 특성을 지니는가?

전통적으로 행정관료제 정책과정은 일사불란한 것으로 여겨져 왔다. 행정관료제 자체가 단일체로서 계층제 원리에 의해 운영되기 때문이다. 하지만 현실적으로 행정관료제 정책과정을 달리 보는 주장이 제기 되었다.

루우크(Rourke, 1984)는 행정관료제 구성원을 이질적인 분열체로 보았으며, 행정관료제 정책과정을 대립과 갈등의 과정으로 정의하였다. 나아가 행정관료제 정책과정이 의회 정책과정에 비해 계층성, 전문성, 비공개성이 상대적으로 많은 것으로 판단하였다.

이러한 행정관료제 분열체론에 대해 찬성론이 있다. 찬성론은 한국의 상황에 기존의 이론을 적용하여 만들어지고 있다. 본 장에서는 이러한 이론들의 내용, 상호관계 및 전개과정을 설명하고자 한다.

Ⅱ. 행정관료제 분열체론[1]

행정관료제를 외부에서 보면 단일체로 보인다. 하지만 행정관료제의 내부를 들여다보면 분열체로 나타난다. 분열은 공직의 종류와 관련된다. 구체적으로 세 가지 종류의 분열을 발견할 수 있다.

1. 정무직 공직자와 경력직 참모

정무직과 경력직 간의 상호 관계에 대해 유럽인들은 전통적으로 경력직 관료가 정책결정에 우월한 영향력을 미친다고 주장한다. 그러나 미국 관료제에서 정치적 조직과 관료 조직 간의 관계는 유럽의 경우에

---

1) Francis E. Rourke, "The Policy Process in Bureaucracy," in *Bureaucracy, Politics, and Public Policy* (Boston: Little, Brown and Company, 1984).

비해 보다 더 미묘하고 복잡하다. 비록 경력직이 관직의 계속성과 행정부 업무에 대한 친숙함 측면에 있어 유리함이 있고 정무직은 불리하지만 정무직 관료는 합법적 권위를 정당화시키는 행정조직의 계층제에서 책임을 맡고 있다.

따라서 정무직과 경력직 간의 갈등은 불가피하다. 이러한 경우에 경력직이 정무직의 정책결정에 동조하는 것이 일반적이다. 하지만 정무직의 불만이 남아 있어, 저항으로 연결되는 경우도 자주 발생한다.

2. 전문 관료와 일반 관료

전문 관료들은 자신의 전문성을 활용하여 서비스를 제공하는 데에 관심을 갖는다. 따라서 도시계획 공무원, 삼림 공무원, 사회복지 공무원들은 그들의 기술로 달성하려고 계획하는 기관의 목표들을 성취하기 위해 전념한다. 반면 행정 관료들은 자원을 관리하고 업무를 조정하는 데에 관심을 갖는다. 따라서 자원의 절약과 같은 경제성을 중요하게 여긴다. 결국 이러한 상반된 견해들이 집행 부서들 간에 긴장과 때로는 갈등을 유발하기도 하고, 때로는 정책 실현에 있어 상호보완적인 역할을 하기도 한다.

3. 내부 승진자와 외부 영입자

외부 영입자를 활용하는 기관의 예로써 원자력위원회를 들 수 있다.

이 기관은 제2차 세계대전 이후에 자문기구로서 수소폭탄개발에 관한 문제를 다루어왔다. 또 다른 예로써 사회보장국을 들 수 있다. 이 기관들은 주요정책 변화들이 심사숙고되어지도록 비판하는 역할을 수행하였다.

외부 영입자의 역할이 늘어나면서 행정기관들에게 긍정적인 파급효과를 다양하게 가져다준다. 두 가지 긍정적인 파급효과를 들면 다음과 같다.

첫째, 공공기관들은 내부에서 확보할 수 없는 전문성 있는 높은 수준의 인재를 외부로부터 그들의 요구에 맞추어 충분하게 고용할 수 있다.

둘째, 학계에서 안정적인 직위를 가지는 외부 인사들은 정부기관에서 일시적으로 영입되어 근무할 때에, 그들이 소속된 본래의 직장이 학계이기 때문에 그들의 관리감독자에 의한 보복의 두려움을 우려하지 않고 업무에 관해 이해관계에 구속받지 않고 솔직하게 발언할 수 있다.

반면, 외부로부터의 영입은 상당한 대가를 수반할 것이다. 첫째, 관점의 새로움이 경험의 부족으로 인해 상쇄될 수 있다. 둘째, 외부인사에게 고위직으로 외부임용을 허용하는 것은 기관에서 오래 근무해 오고 있는 내부 경력자들의 사기에 부정적인 영향을 미친다. 셋째, 외부 영입에는 본격적인 근무가 아니기 때문에 자문직에 따라다니는 무책임성이 있다.

4. 행정관료제 정책과정의 특징

행정관료제와 의회 간에 정책결정 과정상의 차이점이 나타난다. 어떤 의미에서 이것들은 종류의 차이보다는 정도의 차이이다. 세 가지 차이점은 다음과 같다.

1) 계층제와 결정과정

계층제는 의회에서와는 달리 행정관료제에서 정책 과정에 중요한 영향을 미친다. 우선 부서별로 또는 정책 종류별로 분리된 정책 결정들이 서로간에 일관성을 유지할 수 있는 가능성을 높여준다. 계층제는 일관성 있는 정책에 대한 장치이고 정부의 결정의 이성적인 계산에 도움을 준다. 게다가 계층제하에서는 정책과정이 교착상태에 빠지게 될 가능성이 훨씬 줄어든다.

하지만 계층제는 부작용도 야기한다. 계층제 내의 하위자들은 상위자들이 실수했다는 사실을 알았을 때에도 상위자들의 정책결정을 따라야 한다. 그들의 조언은 계층제하에서 그들의 낮은 지위로 인하여 격하되기 쉽다.

2) 전문성과 정책결정

전문성은 의회에서 보다 행정관료제에서 정책결정에 크게 영향을 미친다. 전문적 개인이 도와줄 수 있는 기술적 충고 위에 수많은 정책 판단이 의존하고 있기 때문이다. 예를 들어 보건 기관은 담배를 피우는 것과 그것과 연계된 여러 가지 질병 사이의 관계가 가장 과학적으로 판명될 때까지 건강문제로서 흡연에 대한 정책결정을 내리거나 권고를 제시할 수 없다. 마찬가지로 대통령도 국가안보정책 경우 중대한 결정이 집행에 관련된 자원의 과학적 실행 가능성에 달려 있기 때문에, 이에 대한 최고의 조언을 원할 것이다.

3) 비공개성과 공공정책

의회 내에서 수행되는 정책 과정은 공개적이다. 이와 대조적으로 행정관료제 정책과정은 매우 비공개적이다. 그런데 이러한 비공개적 특성은 정부적 결정의 효율성에 기여한다. 적어도 정책개발의 초기 단계에서는 많은 제안들이 사적인 협의에 의해 이득을 얻는다. 또한 공공정책의 발전 과정에서 관료정치 운영의 비공개적인 특성이 수용과 타협을 증진시킨다.

반면 정책심의에서 비공개성은 상기된 긍정적 측면 이외에 부정적 측면을 지닌다. 비공개성으로 인한 제한으로 인해 정보에 대한 충분한 접근 없이 정책 문제와 해결책을 결정하게 만든다. 게다가 정책들이 비공개적으로 확정되었을 때 이러한 결정들에 대한 영향의 원천은 알려지지 않을 수 있고, 영향을 받게 되는 많은 이익집단들 또한 의견을 제시할 수가 없다. 마지막으로 오류를 확인하거나 취소하는 것이 매우 어렵다.

III. 행정관료제 분열체론에 대한 찬성론

루우크의 주장에 따르면 행정관료제는 분열체이다. 정무직 공직자와 경력직 참모, 전문 관료와 일반 관료, 내부 승진자와 외부 영입자로 분열되어 갈등을 벌인다. 이러한 분열체적 갈등은 행정관료제 정책과정의 특성에 의해 해소된다. 행정관료제의 정책과정은 의회에 비해 계층성, 전문성, 비공개성과 같은 특징을 지닌다. 행정관료제가 지닌 계층성과 비공개성에 의해 통합이 이루어진다.

행정관료제 분열체론은 정치학적 배경하에서, 행정관료를 대상으로 만들어졌다. 그리고 미국의 행정관료제를 사례로 활용하여 분석이 이루어졌다. 따라서 이 이론은 미국 행정관료제를 설명하는 데에 있어 타당성과 설명력이 높은 것으로 판단된다.

이러한 행정관료제 분열체론은 한국의 경제정책 결정과정 연구에 그대로 적용되고 있다. 정정길(1994)은 한국 대통령의 경제리더십을 다룬 연구에서 대통령이 행정부처 간의 갈등을 관리하면서 관료들로 하여금 전문성을 발휘하게 함으로써 경제정책 성과를 성공적으로 이끌게 하는 과정을 설명하고 있다.

그의 연구에 따르면 박정희 대통령은 권위주의적 정치체제 속에서 경제정책을 추진하였다. 행정부에게 정책결정권한을 집중시켰으며 국회나 정당의 개입을 견제하였다. 부총리에게 권한을 위임하여 정책결정을 주도하게 하였다. 동시에 대통령은 부총리를 지휘하였다. 경제정책을 추진하기 위해 비경제부처의 저항은 경제장관회의를 통해 극소화시켰다. 전두환 대통령은 일원화된 경제정책 관리체제를 박 대통령으로부터 대부분 그대로 답습하여 활용하였다. 반면 노태우 대통령은 분권화된 과정에서 대두된 부처할거주의 때문에 정책의 통합조정이 어려워졌고, 민주화로 인해 국회, 언론, 지식인등 사회 세력의 정부에 대한 비판이 높아져서 일관성 있는 경제정책의 추진이 어렵게 되었다.

이상의 연구는 행정관료제 내부는 분열되어 있으며 이를 원만하게 통합 관리해야 성공적인 정책결정과 성과를 거둘 수 있다는 사실을 입증하고 있다. 또한 행정관료제 정책결정은 이러한 분열체적 갈등이 계층제적 지시와 통합기제를 통해 비공개적으로 해소되고 있음을 나타내고 있다. 이러한 점에서 박정희 대통령은 행정관료제 관리에 있어 성공적이었던 데 반해, 노태우 대통령은 성공적이지 못했다고 판단된다. 반면 의회의 정책결정 과정은 어떻게 차이를 보이고 있는가?

김민전(2010)은 17대 국회 본회의 표결의 분석을 통해 한국의 정책연합의 패턴을 고찰하였다. 17대 국회에서 있었던 총 2,188건의 기명표결 중 절반 정도에서는 열린우리당, 한나라당, 민주노동당 간의 보편적 연합이 형성되었으며, 나머지 절반 정도에 있어서는 이념적 거리, 혹은 정책적 거리가 가까운 정당끼리 정책연합을 만들었던 것으로 나타나고 있다. 17대 국회 초 여당인 열린우리당이 진보개혁적 정책을 내세울 때에는 민주노동당과의 연합이 자주 이루어졌다. 그러나 17대 국회 중반 이후 열린우리당에 대한 국민의 지지의 낙폭이 커지자 이합집산을 거듭하던 그 후신들은 진보성을 탈색하고 주로 한나라당과 연합을 이루었던 것으로 나타났다. 이렇게 정치상황의 변화에 따라 국회에서는 정책연합이 변할 뿐만 아니라 정책분야에 따라서도 정책연합의 패턴이 일부 변화하는 것으로 나타났다.

한마디로 의회 내의 정책결정은 정당 간 연합을 통해 자유롭게 이루

어지고 있기 때문에 평등성과 공개성에 입각하여 이루어지고 있음을
알 수 있다. 과거 권위주의 정부 시대에는 정당 간 대립과 갈등이 빈발
하였다. 하지만 민주화 이후 정치적 이해관계가 첨예한 의안의 경우에
는 정당 간 대립과 갈등이 발생하지만, 대부분의 경우에는 대립과 갈
등 없이 정당 간 연합을 통해 결정되고 있다.

결과적으로 행정관료제와 의회는 모두 구성원들 간에 정도의 차이
는 있지만 분열된 상태에 있다. 이러한 분열체적 갈등은 행정관료제의
경우에는 계층제적 지시 또는 통합기제를 통해서 비공개적으로 해소
된다. 반면 의회의 경우에는 구성원들 간에 평등한 상태에서 공개적으
로 해결된다. 이러한 행정관료제와 의회의 특성은 한국에서도 입증되
고 있다.

▌ 참고문헌 ▌

김민전. 2010. "17개 국회 본회의 표결에 나타난 정당 간 정책연합." 『의정연구』, 16(3).

정정길. 1994. 『대통령의 경제리더십』. 한국경제신문사.

Rourke, Francis E. 1984. "The Policy Process in Bureaucracy." In *Bureaucracy, Politics, and Public Policy*. Boston: Little, Brown and Company.

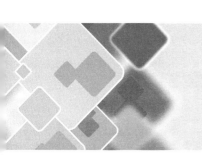

제**8**장

정책결정과정은
폐쇄적인가 개방적인가

I. 개요

미국의 공공정책 결정과정은 어떠한 모습을 나타내고 있을까? 폐쇄적 모습일까 아니면 개방적 모습일까? 이에 대해 대답을 찾는 것은 쉽지 않다. 학문적 관점에 따라 대답은 다양할 것이기 때문이다. 과거부터 신다원주의자 입장에 해당하는 하위정부 모형은 공공정책 결정과정을 폐쇄적 모습으로 정의하였다. 의회위원회, 행정부서 및 이익집단 등 세 가지 행위자가 참여하여 자신의 이익을 위해 정책을 추진하는 모습을 강조하였다.

반면 헤클로(Heclo, 1977)는 이러한 정책과정의 변화를 주장하였다. 그의 주장은 1970년대 들어 과거의 하위정부 모형의 모습이 약화

되면서, 새로운 정책결정모습이 등장하고 있다는 것을 주요 내용으로
한다. 그는 자신의 모형을 의제연계망론이라고 명명하였다.

이러한 의제연계망론에 대해 수정론이 있다. 수정론은 한국의 상황
에 기존의 이론을 적용하여 만들어지고 있다. 본 장에서는 이러한 이
론들의 내용, 상호관계 및 전개과정을 설명하고자 한다.

II. 의제연계망론[1]

1. 하위정부 모형의 약화

전통적으로 공공정책 결정은 하위정부 모형을 통해 설명되어졌다.
하위정부 모형에 따르면 공공정책은 특정한 사업에 이해관계를 가지
는 행정부서, 의회 위원회 그리고 이익집단 등 삼자가 연결된 철의 삼
각구조에 의해 이루어진다. 농업, 수자원 및 공공사업 정책에 대해 이
러한 철의 삼각구조는 설명력이 부정확하다기보다는 불완전하다고 할
수 있다. 그리고 이러한 전통적인 견해는 최근에 발생하는 정치와 행
정 분야에서의 변화를 이해하는 데에 적합하지 않다.

---

1) Hugh Heclo, "Issue Networks and the Executive Establishment," in Anthony
King, ed., *The New American Political System* (Washington, D.C.: American
Enterprise Institute, 1977).

2. 연방정부의 업무폭증과 중간조직의 활용

1949년부터 1977년까지 미국 정부예산과 규제의 규모는 증가하였으나, 연방정부 공무원의 숫자는 변화하지 않았다. 팽창하는 정부와 안정된 관료제 간의 모순을 어떻게 설명할 수 있을까? 두 가지 설명이 가능하다.

첫째, 기존의 정책을 유지하면서 예산만을 증가시켰기 때문이다. 사회복지 분야의 소득유지 정책을 예로 들 수 있다. 둘째, 정부의 중간조직에 해당하는 주정부 공무원, 지방정부 공무원, 제삼의 지불자, 자문가, 계약자들이 증가했기 때문이다.

3. 정책 환경의 변화

첫째, 정책 과정에 대한 참여자들이 증가하였다. 우선 앞서 논의된 바와 같이 주정부, 지방정부 공무원이 증가했고, 이들이 수도 워싱턴에 파견한 사무소 인력도 증가했다. 정부 업무에 관여하는 사립 조직과 준 사립 조직의 정책 과정에 대한 참여도 증가했다.

둘째, 참여자들의 전문성이 높아졌다. 즉 대통령을 보좌하는 전문 인력이 증가하였다. 의회의원을 보좌하는 참모 인력이 증가하였다. 또한 정부의 활동과 규제가 증가함에 따라 이에 대처하기 위해 워싱턴 내에 공공정책 연구기관과 법률 사무소가 대폭 늘어났다.

셋째, 고위 공직자의 전문성도 높아졌다. 즉 장관도 법조계, 경제계, 학계, 정부공직 등 다양한 경력을 지닌 사람을 임용하는 추세가 나타났다. 또한 부처 고위직 공직자의 계층도 장관과 차관보로만 구성되었는데, 시간이 경과하면서 차관과 부장관이 추가되었다.

4. 의제연계망 모형의 등장과 특징

철의 삼각 또는 하위정부 모형은 소수 집단의 참여자들을 전제로 한다. 반면 의제연계망 모형은 다양한 수준의 상호 신뢰성과 의존성을 지닌 다수의 참여자들을 가정한다. 참여자들은 연계망에 진입하기도 하고 탈퇴하기도 하는데 이러한 활동은 지속적으로 이루어진다. 그리고 물질적 이익보다는 지적인 그리고 정적인 헌신이 행동 동기로서 자주 앞선다.

의제연계망이 다루는 관심사는 주로 대중의 복지증진일 수 있다. 즉 피해를 입은 집단에 대한 보상을 의미한다. 의제연계망에서 관심을 가지는 의제는 인종차별, 소비자피해, 환경오염이 될 수 있다. 예를 들어 과거에 인종차별을 당한 집단에 대한 보상일 수 있고, 현재 기업의 상품에 의해 피해를 입은 집단에 대한 보상일 수 있고, 또는 미래에 오염된 환경에 의해 피해를 입을 집단에 대한 보상일 수 있다.

의제연계망 모형은 기존의 철의 삼각 또는 하위정부 모형의 위상을 대체하지는 않을 것이다. 대신 기존의 모형이 약화되면서, 의제연계망 모형이 이 부분을 대신하게 될 것이다. 두 모형 간의 점진적 교체가 예상된다.

5. 의제연계망 모형의 장점과 단점

의제연계망은 장점을 지닌다. 첫째, 변화하는 환경에 수시로 적응할 수 있다. 환경의 변화에 따라 의제를 선택하고 이에 맞게 의제연계망의 구성이 가능하다. 둘째, 의회와 행정부 간에 연계 역할을 한다. 정당이 연계 역할을 수행하지 못하는 상황하에서 두 기관의 구성원들이 의제연계망에 참여하게 된다. 셋째, 느슨한 연계망을 통해 정치인의 입지가 확보된다. 정치인은 연계망을 기획하는 과정에서 자신의 취지를 반영시킬 수 있다.

반면 의제연계망은 단점을 지닌다. 첫째, 민주적 정당성이 약화된다. 정책결정이 의제연계망으로부터 지시를 받게 됨에 따라 대통령, 의회 및 대중의 의견으로부터 멀어지게 된다. 둘째, 문제가 복잡해질 수 있다. 의제연계망의 구성원들은 대중을 위해 문제를 단순화시키는 데에 관심을 두기보다는 문제 자체를 다루는 데에 관심을 두기 때문이다. 셋째, 합의 도출이 곤란하다. 구성원들이 훌륭한 정책 도출에 관심을 두기 때문에 합의 도출이 경시될 수 있다. 넷째, 정책종결이 어렵다. 구성원들은 전문성을 중시하면서 특정한 절차없이 결정과정을 진행하게 된다. 따라서 정책종결이 어렵게 될 수 있다.

결과적으로 의제연계망을 통해 훌륭한 정책을 추구하다 보면 민주정치에 많은 위해를 가져올 수 있다. 특히 대통령의 권위를 크게 약화시킬 수 있다.

III. 의제연계망론에 대한 수정론

헤클로는 1970년대 미국에서 공공정책과정에 대한 참여자의 규모와 전문성이 증가함으로써 기존의 하위정부모형의 특성이 사라지면서 대신 의제연계망이 등장하는 과정을 설명하였다. 그리고 의제연계망이 지닌 특성으로 인한 장점과 단점을 규명하였다. 특히 대통령의 권위가 약화되는 등 기존의 정책결정에서 발생할 수 있는 문제점을 지적하였다.

의제연계망론은 정치학적 배경하에서, 전체 공직자를 대상으로 만들어졌다. 그리고 미국의 인권정책, 소비자상품 안전정책, 환경정책 등을 사례를 활용하여 분석이 이루어졌다. 따라서 이 이론은 미국의 일부 정책 결정과정을 설명하는 데에 있어 타당성과 설명력이 높은 것으로 판단된다.

마슈와 로우즈(Marsh and Rhodes, 1992: 10-25)는 의제연계망이 포함된 정책 네트워크 모형을 만들어 제시하고 있다. 그들의 모형에 따르면 정책 네트워크의 유형은 다섯 가지로 구분되며 정책공동체, 전문가 네트워크, 정부 간 네트워크, 생산자 네트워크, 이슈 네트워크가 해당된다. 마지막 언급된 이슈 네트워크가 의제연계망을 의미한다. 이들 다섯 가지 유형은 순서대로 가장 집권화된 형태로부터 가정 분권화된 형태로 나열되어 있다. 구체적으로 다섯 가지 유형은 멤버십, 통합성의 정도, 자원, 권력이라는 네 가지 차원을 기준으로 구분된다.

헤클로의 의제연계망 모형은 다섯 가지 유형 중에서 가장 분권화된 유형에 속한다. 예를 들어 전문가에게 전화를 걸어 자문을 구하는 경우도 참여자의 범위에 포함시키고 있다. 따라서 한국 정부에서 운영하는 공식적 합의기구는 전문가를 포함시킨다는 점에서 의제연계망의 특성을 나타내고 있으며 전문화의 방향으로 나아간다고 볼 수 있다. 하지만 외부전문가를 전화 자문을 통해 참여시키는 수준까지 참여자의 범위가 광범위하게 확대되지는 않고 있다고 여겨진다.[2] 따라서 한국의 경우 대부분의 연구들이 헤클로의 의제연계망보다는 보다 집권화된 수준에서의 네트워크를 다루고 있다고 판단된다.

한국에서는 권력구조와 사회구조가 미국과 상이하기 때문에 의제연계망론을 수정하여 적용하는 것이 타당할 것으로 여겨진다. 즉 한국은 미국에 비해 권력구조가 보다 많이 집권화되어 있고, 사회집단이 보다 적게 활성화되어 있다. 따라서 한국의 경우 보다 집권적 유형의 네트워크 모형이 분석에 적합할 것이다.

한국의 공공정책결정과정은 보다 집권화된 유형을 나타내고 있음을 알 수 있다. 이에 대하여 저자(2000: 43-65)는 추곡수매가격 정책결정과정을 참여자들 간의 상호작용 속에서 분석하고 있다. 1961년부터 1999년까지의 정책결정사례를 분석한 결과 단계별로 참여자들 간의 상호 관계가 규명되었다. 첫째, 준비단계에서 농림수산부장관과 경제기획원장관 또는 부총리 간의 대립과 갈등의 관계가 나타난다. 둘째, 당정협의회에서 농림수산부장관과 고위여당 지도자가 서로 협조하고 경제기획원장관과 대립, 갈등을 벌인다. 셋째, 국회에서 정부안을 지지하는 여당이 야당과 대립, 갈등을 벌인다. 대립과 갈등의 관계는 대부분 장기간 지속된 후에 합의에 이른다. 이 과정에서 우호적인 참여

---

[2] 헤클로는 의제연계망 모형에 대한 설명에서 전문가에게 전화를 걸어 자문을 구하는 경우도 참여자의 범위에 포함시키고 있다.

자들 간에는 연합이 이루어진다.

또한 배응환(2000: 273-328)은 한국 산업정책의 변화를 정책 네트워크 이론을 통해 분석하고 있다. 정부와 전국경제인연합회 간의 네트워크와 정부와 대한상공회의소 간의 네트워크를 비교하고 있다. 권위주의 정부하에서 중화학공업 정책과 공업발전법 정책 결정의 사례에서, 그리고 민주화 이후 정부하에서 업종전문화 정책과 이동통신사업 정책 결정의 사례에서, 앞서 언급된 두 가지 네트워크가 어떻게 변화하였는지 고찰하였다. 분석결과 네 가지 사례를 거치면서 정책 네트워크는 강한 정부주도형, 약한 정부주도형, 이익집단 영향형, 강한 이익집단주도형의 순서대로 변화되었음을 발견하였다. 아울러 전국경제인연합회 네트워크가 대한상공회의소 네트워크에 비해 상대적으로 국가의 영향력이 약하고 이익집단의 영향력이 강한 것으로 나타났다. 이러한 네트워크의 변화는 정치체제의 민주화와 이로 인해 각 기관이 동원할 수 있는 정보, 자원, 침투력이 변화하면서 야기된 것으로 판단하였다.

상기와 같이 한국의 산업정책 형성과정에서 정책 네트워크는 강한 정부주도형, 약한 정부주도형, 이익집단 영향형, 강한 이익집단주도형을 순서대로 나타내고 있다. 이러한 특성은 시기적으로 집권화된 유형에서 분권화된 유형으로 변화하고 있음을 나타내고 있지만, 적어도 이러한 네 가지 유형은 모두 마슈와 로우즈의 네트워크 모형 중에서 적어도 세 번째 단계인 정부 간 네트워크보다 더 집권화된 유형에 머무르고 있다. 동시에 가장 분권화된 형태인 의제연계망 모형을 나타내고 있지 않고 있음을 알 수 있다. 따라서 한국의 경우에는 공공정책 형성과정에 대한 분석을 위해서는 헤클로가 주장하는 의제연계망 모형보다는 보다 집권화된 유형을 적용하는 것이 타당하다고 판단된다.

이외에 황병상(2003), 신수범(2007), 박정우(2012)는 과학기술 및 정보통신 정책의 변화를 네트워크 이론을 통해 분석하고 있다. 이혜승(2005), 박하정(2008), 우재준(2014)은 보건 및 사회복지 정책의 변화를 네트워크 이론을 통해 분석하고 있다.

▌ 참고문헌 ▌

박대식. 2000. 『관료정치와 농업정책결정』. 충남대학교 출판부.

박정우. 2012. "신자유주의 시대 한국 이동통신 산업의 거버넌스 연구." 석사학위논문. 서강대학교 대학원.

박하정. 2008. "사회복지정책 결정과정의 정책네트워크 연구." 박사학위논문. 경희대학교 대학원.

배응환. 2000. "정치체제 변화에 따른 정부와 경제이익집단의 정책네트워크 연구." 박사학위논문. 고려대학교 대학원.

신수범. 2007. "DMB 정책네트워크의 동태적 변화 연구." 박사학위논문. 서울산업대학교 IT정책전문대학원.

우재준. 2014. "영리의료법인 도입에 관한 연구." 석사학위논문. 연세대학교 행정대학원.

이혜승. 2005. "한국의 사회보험정책네트워크의 성격에 관한 연구." 박사학위논문. 이화여자대학교 대학원.

황병상. 2003. "과학기술 정책과정의 정책네트워크에 관한 연구." 박사학위논문. 충남대학교 대학원.

Heclo, Hugh. 1977. "Issue Networks and the Executive Establishment." In Anthony King, ed. *The New American Political System*. Washington, D.C.: American Enterprise Institute.

Marsh, David, and R. A. W. Rhodes. 1992. *Policy Networks in British Government.* Oxford: Clarendon Press.

제9장

대통령은 행정관료제를
무슨 수단으로 통제하는가

대통령은 행정관료제를
무슨 수단으로 통제하는가

I. 개요

    대통령의 행정부 통제는 중요한 일이다. 행정부를 움직여 국민이 원하는 서비스를 제공하는 것이 대통령의 임무이기 때문이다. 하지만 행정부 통제는 쉬운 일이 아니다. 행정부는 규모가 크며 이질적인 집단으로 이루어졌기 때문이다. 더욱이 민주화로 인해 행정부 내에서 진행되는 정책결정과 집행 과정은 다수의 정치세력의 참여하에서 다양한 이해를 반영하여 복잡한 과정을 거쳐서 이루어진다.

    행정부 통제가 쉬운 일이 아니라면 대통령은 이러한 어려움을 어떻게 극복하고 있는가? 모어(Moe, 1985)는 이에 대해 두 가지 방안을 제시한다. 첫째는 참모조직의 집중화이며, 둘째는 고위공직자의 정치

적 임용이다. 두 가지 방안을 통해 대통령은 행정부를 통제하여 국민
을 위해 봉사하는 방향으로 움직인다. 그리고 이러한 주장을 정치화된
대통령론으로 명명하였다.

이러한 정치화된 대통령론에 대해 찬성론이 있다. 찬성론은 한국의
상황에 기존의 이론을 적용하여 만들어지고 있다. 본 장에서는 이러한
이론들의 내용, 상호관계 및 전개과정을 설명하고자 한다.

II. 정치화된 대통령론[1]

1. 제도의 개념과 변화

제도란 무엇인가? 제도란 개인의 정해진 유형의 행태(regularized
behavior pattern)를 가져다주는 것이라고 정의해 볼 수 있다. 따라서
개인과 제도는 상호작용의 관계에 놓이게 된다. 개인은 선택에 의해
제도를 만들고, 제도는 개인의 선택을 조건지운다. 조건지운다는 의미
는 개인의 선택을 도출하는 유인과 자원을 제도적 맥락이 형성한다는
것을 뜻한다.

---

1) Terry M. Moe, "The Politicized Presidency," in John E. Chubb and Paul E.
Peterson, eds., *The New Directions in American Politics*(Washington,
D.C.: The Brookings Institution, 1985).

2. 대통령의 제도

대통령의 제도로서 공식적 제도가 있다. 백악관, 예산관리국, 대통령부의 다른 부서에 해당하는 경제자문회의 또는 국가안전보장회의 등을 들 수 있다. 비공식 제도로서 정책결정 관행이 있다. 정책결정 관행이란 내각과 행정부 사이에 위치하여 행정부의 일정한 행태를 야기하는 역할을 수행한다. 이 경우 제도화의 수준에 따라 개인의 정해진 유형의 형태 정도는 달리 나타난다. 예를 들어 예산관리국은 공식화되고 복잡한 기구이기 때문에 행태는 높은 수준의 반복성과 지속성을 나타내는 반면, 백악관의 행태는 낮은 수준의 반복성과 지속성을 나타낸다.

3. 대통령의 제도개편의 동기

미국의 권력분립체제하에서 대통령만이 유일하게 전국 범위의 선거구에서 선출된 공직자이다. 이로 인해 대통령은 넓은 범위의 공익을 추구하게 되는 선거적 유인을 갖게 된다. 이것이 첫 번째 임기에 대통령의 행동에 강력한 유인으로 작용하게 된다. 두 번째 임기에는 여론지도자로서 대통령이 갖는 위상과 또 선대 대통령들이 남기 훌륭한 역사적 유산이 대통령의 행동에 대한 유인으로 작용하여 그로 하여금 공익을 추구하는 행동을 하도록 만든다.

4. 대통령의 제도 개혁

대통령은 기존의 제도적 배열이 자신의 요구와 맞지 않을 때에 행정부 전체에 대한 제도 개혁을 추진한다. 여러 가지 제약이 있게 된다. 우선 의회는 대통령과의 경쟁관계에서 대통령의 제도 개혁을 권력 확장으로 인식하여 반대하는 경우가 많다.

또한 지식의 결핍이 개혁을 어렵게 만든다. 대통령과 보좌관들은 대통령이 원하는 최적 형태의 조직을 설계할 수 있는 방법을 알지 못한다. 사회과학에서 조직이론이 제대로 발전하기 못했기 때문이다. 현실적으로 조직이론은 무수하게 많이 존재하고 있지만, 조직이론은 어떠한 유형의 조직이 어떠한 결과를 가져오게 되는지에 관해 체계적으로 밝히지 못하고 있다.

대통령 취임 이후 첫해가 지나면 저항세력이 증가하게 되고 대통령의 성공의 기회는 줄어들고, 사건은 신속하고 예측불가하게 진행된다. 이러한 어려움 속에서 대통령의 행동은 어떻게 나타날까? 제도 개편은 과거를 답습할 가능성이 높아진다. 대통령은 선대 대통령들이 물려 준 제도적 틀을 수용하도록 실제로 강요받는다.

5. 제도적 대통령

행정부에 대한 대폭적 개혁이 어려운 상황하에서 대통령은 소폭적이고 가능한 개혁을 시도한다. 참모조직을 보다 집중화시키는 행동과 고위공직자를 보다 정치적으로 임용하는 행동이다.

참모조직을 집중화시키는 행동은 백악관의 조직 역량을 제고하는 것을 의미한다. 구체적으로 규모 확장, 분업화, 전문화, 계층 간 조정, 외부기관 및 유권자와의 공식적 연계성 제고 등과 같은 조치를 예로 들 수 있다.

고위공직자를 정치적으로 임용하는 행동은 매우 매력적이며 공식적인 대통령의 권한에 속한다. 개인을 충성심, 이념, 사업에 대한 지지도 등을 고려하여 임용하는 것을 의미한다. 예산관리국과 같은 대통령 부서, 멀리 떨어져 있는 독립위원회의 임원 임용에 사용할 수 있다.

미국 역대 대통령들의 상기된 두 가지 대통령 제도를 발전시켜 왔다. 루즈벨트 대통령은 1939년 브라운로우 위원회 연구결과를 바탕으로 대통령부를 설치하였다. 대통령부 내에 기존의 예산국을 편입시켜 예산편성 기능과 권한을 대통령이 담당하게 하였다. 트루먼 대통령은 정무직을 평가하는 보좌관을 처음으로 임용하였다. 아이젠하워 대통령은 경제자문회의와 국가안전보장회의를 설치하여 경제정책과 안보정책에 관해 대통령을 자문하는 역할을 수행하게 하였다. 케네디 대통령과 존슨 대통령은 백악관 내 정보처리 방식을 체계화하여 중요한 정보는 백악관으로 보내고 반복적인 정보는 일반 부처로 보내게 하였다. 나아가 정무직 임용절차를 공식화하여, 보다 집권화하는 방향으로 노력하였다. 닉슨 대통령은 관료조직을 불신하였다. 그리하여 애쉬 위원회를 통해 경영기법을 도입하였고 이를 행정부에 적용하여 행정부의 효율성 제고를 시도하였다. 또한 1970년 예산국을 예산관리국으로 개편하여 예산 이외에 기획의 기능을 연계시켜 담당하게 하였으며, 동시에 예산국을 확장하여 강화시켰다. 또한 국내정책회의를 설치하여 국내정책에 대한 자문기능을 강화하였다. 나아가 예산관리국장에 조지 슐츠를 임명함으로써 유력한 인사를 등용하여 조직의 기능 강화에 힘썼다. 포드 대통령과 카터 대통령은 정무직 숫자를 늘림으로써 고위 공직자에 대한 정치적 임용의 권한을 강화하였다. 레이건 대통령은 임시대책반을 신설하여 활용함으로써 수시로 변화하는 사회문제에 유연하게 대응할 수 있는 기능을 강화하였다. 또한 일반 관료제 공무원에 대해서는 상위계층은 교체하였고, 하위계층은 교육을 통해 책임성을 제고하도록 노력하였다. 나아가 예산국장에 데이비드 스토크만을 임명함으로써 사십 세의 약관에 해당하며 천재로 인정받는 인사를 등용하여 예산국의 기능과 권한을 강화하기 위해 애썼다. 마지막으로 정책개발국을 설치하여 국내 정책참모를 기용함으로써 정책자문 기능을 강화하였다.

III. 정치화된 대통령론에 대한 찬성론

모어는 대통령이 관료제를 통제하기 위해 참모조직을 강화하고 고위공직자를 정치적으로 임용하게 된다고 주장하고 있다. 그리고 미국의 일부 대통령의 제도개편 사례를 통해 자신의 주장을 입증하였다. 그는 이러한 현상을 정치화된 대통령이라고 명명하고 있다.

정치화된 대통령론은 경제학적·정치학적 배경하에, 대통령을 대상으로 만들어졌다. 그리고 미국 대통령의 제도개편 사례를 활용하여 분석이 이루어졌다. 따라서 이 이론은 미국 대통령의 행동을 설명하는 데에 있어 타당성과 설명력이 높은 것으로 판단된다.

그런데 한국의 경우에도 이 이론은 적실성이 높은 것으로 나타난다. 예를 들어 저자(2007)는 미국과 한국 대통령의 제도 활용 실태를 모어의 정치화된 대통령 이론에 따라 고찰하고 있다. 이 분석틀을 통해 미국과 한국의 역대 대통령을 비교분석하였다. 분석결과 미국의 경우 의회와의 대립관계 속에서 또한 한국의 경우 민주화의 상황 속에서 국정관리가 어려움에 처하게 되었고 이를 극복해 나아가는 과정에서 대통령이 제도 활용에 의존하게 된다는 사실을 알게 되었다.

결과적으로 제도 활용의 실태에 관해 다음과 같은 세부적 결론을 얻게 되었다. 첫째, 역대 양국 대통령들은 참모기구를 집권적으로 개편함으로써 자신의 권한 강화를 위해 노력하였다. 개편의 시기는 미국이 한국을 30년 정도 앞서 가고 있다. 둘째, 역대 양국 대통령들은 고위공직자들에 대한 정치적 임용을 통해 자신의 권한 강화를 시도하였다. 정치적 임용의 수준은 미국이 한국에 비해 다소 높다.

구체적으로 미국은 백악관 비서실과 대통령부라는 이원화된 참모기구를 중심으로, 반면 한국은 대통령 비서실이라는 일원화된 참모기구를 중심으로 집권적 개편을 시도해 옴으로써 참모기구의 기본적인 골격이 미국과 큰 차이를 보인다. 반면 집권적 개편의 방법에 있어서는 유사한 모습이 많이 나타난다. 정책결정 및 공직임용 담당부서를 신설, 이전, 확장하거나, 참모의 내각 정책결정과정에 대한 참여를 확대하거나, 또는 특별대책팀을 활용하여 내각정책결정을 주도하게 하는 방법을 사용해 오고 있기 때문이다.

단지 개편의 진도에 있어 미국이 한국을 앞서 가고 있다. 미국의 경우 개편은 1930년대에 시작하여 현재에 이르고 있는 반면, 한국의 경우에는 1960년대에 시작하여 개편을 지속하고 있기 때문이다.

미국은 대통령 비서실 내 모든 참모와 대통령부 고위참모를 대폭적으로 교체하는 반면, 한국은 대통령 비서실 내 비서관급 이상을 소폭적으로 교체하여 정치적 임용의 범위에 있어 차이를 보인다. 또한 미국은 계선직 공직자에 대한 정치적 임용은 고위관리직과 고위행정직을 포함해서 대폭적인 데 반해, 한국은 장차관에 한하여 소폭적임으로 정치적 임용의 범위에 있어 차이를 보인다.

성시영(2014: 144-156)은 한국과 미국의 장관 재직기간과 재직기간에 대한 영향요인을 고찰하고 있다. 장관직을 정치적 임용의 대상으로 가정한다면, 앞선 연구는 정치적 임용의 수준을 다루었던 데에 반해 이번 연구는 정치적 임용의 빈도를 다루고 있는 셈이다. 두 연구는 정치적 임용 대상을 다른 차원에서 접근하고 있다.

분석결과 한국과 미국 장관의 평균 재직기간은 각각 14개월과 36개월로 나타났다. 한국 장관의 재직기간에 대해 정치적 영향요인으로 의원경험, 단체장경험, 여당의석비율 등이 부(-)의 영향을 보였다. 즉 의원경험, 단체장경험이 길고, 여당의석비율이 클수록 재직기간이 짧아진다. 결과적으로 한국의 경우 정치적 환경의 변화 속에서 장관의 교체가 빈번해 짐을 알 수 있다.

상기된 두 가지 연구의 결과를 종합하면, 미국과 한국의 경우 장관직에 대한 정치적 임용의 수준은 미국이 37%, 한국이 27%로 미국이 다소 높다. 즉 장관직의 일정 부분을 정치적으로 임용하고 있음을 의미한다. 반면 미국과 한국의 장관직에 대한 정치적 임용의 빈도는 한국이 훨씬 높다. 평균 재직기간이 미국은 36개월이고 한국은 14개월이며, 한국의 경우 장관 교체가 정치적 영향을 크게 받고 있기 때문이다.

▌ 참고문헌 ▌

박대식. 2007. "제도적 대통령에 관한 비교분석." 『한국행정학보』, 41(4).
성시영. 2014. "장관의 재임기간에 영향을 미치는 요인, 1948-2013: 한국과
　　미국의 비교연구." 박사학위논문. 서울대학교 대학원.

Moe, Terry M. 1985. "The Politicized Presidency." In John E. Chubb and
　　Paul E. Peterson, eds. *The New Directions in American Politics*.
　　Washington, D.C.: The Brookings Institution.

제**10**장

결 론

결 론

　본서에서 관료제 정치론의 동향을 세 가지 흐름으로 구분하여 정리하였다. 전통적 관료제 정치론, 합리적 선택 관료제 정치론, 제도선택 관료제 정치론으로 나누어 이에 속한 이론들의 내용과 특성을 설명하였다.

　나아가 관료제 정치론을 검토하고 평가해 보았다.[1] 구체적으로 관료제 정치론의 내용을 소개하고, 이론으로서의 타당성과 설명력을 판단하고, 특히 한국현실에 적용하였을 경우에 적실성을 논의하였다. 그 결과 다음과 같은 사실을 얻게 되었다.

---

1) 본서에서 관료제 정치이론은 여덟 가지 기본적 이론 이외에 기본적 이론을 논의하기 위해 제시된 미국에서의 찬성론, 미국에서의 반대론, 미국에서의 수정론, 한국에서의 찬성론, 한국에서의 반대론, 한국에서의 수정론 등으로 구분해 볼 수 있다.

첫째, 대부분 관료제 정치론은 미국을 배경으로 다양한 학문적 배경 하에 다양한 분석 사례를 활용하여 만들어지고 있다.

즉 분권적 권력구조와 다원적 사회를 지닌 미국을 배경으로, 사회학, 정치학, 경제학 등을 배경으로, 관료행태, 의원행동, 조직개편, 정책결정 사례를 활용하여 형성되고 있다.

둘째, 대부분 관료제 정치론은 미국의 사례를 설명하는 데에는 이론으로서의 타당성과 설명력이 있는 것으로 판단된다. 분권적 권력구조와 다원적 사회에서 만들어진 이론을 동일한 상황에 적용하는 경우를 의미한다. 이론 자체가 미국에서 형성되었기 때문에, 미국에 적용하는 데에는 큰 무리가 없어 보인다.

셋째, 일부 관료제 정치론은 한국을 배경으로 나타나고 있다. 기존의 관료제 정치론을 한국의 사례에 적용하는 과정에서 만들어졌다. 이 경우에 기존의 이론을 그대로 적용한 경우도 있고, 이론을 한국의 상황에 적합하게 수정하여 적용한 경우도 있다.

즉, 분권적 권력구조와 다원화된 사회구조 대신에 보다 집권화된 형태로 수정하여 적용하였음을 의미한다.

예를 들어 주인대리인 이론, 행정관료제 분열체론, 정치화된 대통령론 등은 직접 한국에 적용하여도 무리가 없어 보인다. 반면 제도선택이론, 행정기관 권력 추구론, 의제연계망론 등은 국가권력구조 및 사회구조와 연관이 되어 있는 이론이므로 보다 집권화된 유형으로 변형하여 적용하였다. 한국의 상황에 적합하게 수정하여 적용하였기 때문에 적실성이 확보된 것으로 판단된다.

색 인

제1장 　서론

제2장　**공직자는 공익 추구자인가**

제3장 공직자는 자익 추구자인가

제4장　　의회의원은 정치과정에서 무엇을 위해 행동하는가

<table>
<tr><td>제5장</td><td>공직자는 정책결정과정에서 무엇을 위해 행동하는가</td></tr>
</table>

제6장　　행정기관은 행정업무 수행 시 무엇을 위해 행동하는가

제7장   **행정관료제는 단일체인가 분열체인가**

제8장 　정책결정과정은 폐쇄적인가 개방적인가

제9장   대통령은 행정관료제를 무슨 수단으로 통제하는가

제10장   **결론**

저자 소개

박대식

현 | 충남대학교 행정학과 교수
  한국외국어대학교 문학부(문학사)
  한국외국어대학교 대학원(정치학 석사)
  미국 University of California at Los Angeles(UCLA)대학원(정치학 박사)
  미국 Stanford University 방문교수